Tolle Zeit mit Oma

urania

Almuth Bartl / Julia Burre

Tolle Zeit mit Oma

Lauter Sachen,
die wir gemeinsam machen

Zum Thema bereits erschienen:

Almuth Bartl
Neue 5-Minuten-Spiele
Für Kinder ab 4 Jahren
ISBN 3-332-01476-5

Dagmar Zey/René Zey
300 neue Rätsel für Kinder
ISBN 3-332-01431-5

Susanne Helmold
Wir basteln mit Kindern
Neue Ideen für ganz alltägliche Materialien
ISBN 3-332-01325-4

Elke Müller-Mees
Kinderspiele für alle Sinne
ISBN 3-332-01437-4

Elke Müller-Mees
Wortsalat und Silberschlange
Sprache spielerisch entdecken
ISBN 3-332-01580-X

Hajo Bücken
Der neue Spielespaß
Ideen für 1 oder 2 Personen
ISBN 3-332-01343-2

Die Deutsche Bibliothek – CIP-Einheitsaufnahme
Ein Titeldatensatz für diese Publikation ist bei Der Deutschen Bibliothek erhätlich.

www.verlagsgruppe-dornier.de
www.urania-verlag.de

Die Schreibweise entspricht den Regeln der neuen Rechtschreibung.

Umschlaggestaltung: Behrend & Buchholz, Hamburg
Titelfoto: © Paul Barton/CORBIS
Lektorat: Gabriele Betz, Tübingen
Satz: Rund ums Buch – Rudi Kern, Kirchheim/Teck
Druck: Westermann Druck, Zwickau
Printed in Germany

ISBN 3-332-01546-X

Bildnachweis der Auftaktseiten:
S. 9: © Royalty-Free/CORBIS
S. 27: © CORBIS
S. 43: © Image Source/CORBIS
S. 61: © CORBIS
S. 77: © zefa images/Benno de Wilde
S. 97: © Gary Houlder/CORBIS

Liebe Leserin, lieber Leser

Oma und Opa zu werden kann man nicht einfach beschließen. Man wird dazu von anderen gemacht: Die Kinder bekommen Kinder.

Die meisten Großeltern wünschen sich, viel Zeit mit ihren Enkeln zu verbringen, möchten sie genießen und gemeinsam mit ihnen das machen, was sie früher mit ihren Kindern nicht tun konnten, weil ihnen die Zeit und die Muße dazu fehlten.

Meistens verfügen Großeltern im Rentenalter noch über ausreichend Zeit und genug Energie, um sich ihrer Familie zu widmen. Von ihrem Engagement können vor allem die Enkelkinder profitieren.

Umgekehrt ist es für Großeltern aber auch ein Gewinn, gebraucht zu werden. Sie freuen sich, wenn sie mitten im Familienleben stehen, wenn die Jüngeren ihre Nähe suchen. Eine Bestätigung, die das Selbstwertgefühl stärkt.

Aber längst nicht alle Großeltern stürzen sich begeistert auf ihre Enkelkinder. Viele müssen in die neue Rolle erst nach und nach hineinwachsen, wissen nicht, welche Vorstellungen ihre erwachsenen Kinder und ihre kleinen Großkinder haben. Deshalb kann es eine Weile dauern, bis sie ihre neue Aufgabe annehmen. Die beste Hilfe: Alt und Jung sollten sich über ihre gegenseitigen Erwartungen verständigen. Wichtige Voraussetzungen dafür, dass das Miteinander klappt: Bereitschaft zu Diskussionen und Toleranz.

Miteinander reden, das kann auch helfen, wenn die eigenen Kinder mit Eifersucht auf die intensive Fürsorge der Großeltern für ihre Enkelkinder reagieren und feststellen: »Von so viel Aufmerksamkeit, sogar Verwöhnung habe ich früher geträumt!« Aufgabe der Großeltern ist es dann, die Jungen davon zu überzeugen, dass die großelterliche Zuwendung für alle ein Segen sein kann.

Was genau wird nun eigentlich von einer Oma und einem Opa erwartet? Dieses Buch liefert Großeltern Antworten auf diese Frage: Es gibt viele Anregungen und Tipps, welche Spiele, welche Beschäftigungen, welche Oma-und-Opa-Aktionen bei Kindern hoch im Kurs stehen und sich ohne allzu großen Aufwand verwirklichen lassen.

Oma und ich

Auf Oma ist Verlass

Der größte Pluspunkt, über den Omas und Opas verfügen: ihre innere Gelassenheit. Großeltern ficht so schnell nichts an – wieso auch? Sie haben ihr Leben mehr oder weniger gut gemeistert, Erfolge und Misserfolge bestanden, Krisen durchgemacht. Unverwundbar sind sie dadurch nicht geworden, aber sicherer: Aus Erfahrung wissen sie, dass sie mit Belastungen fertig werden. Auch deshalb stehen sie weniger unter Druck als die Eltern ihrer Enkel, die um ihren Platz in der Gesellschaft mehr kämpfen müssen.

Von dieser Gelassenheit können Enkelkinder profitieren. Bei den Großeltern ist seltener von Stress die Rede, von Anspannung und Anstrengung. Weil es entspannter zugeht, fühlen sich viele Kinder bei Oma und Opa so wohl. Da können sie auftanken.

> *Perfect love sometimes does not come until the first grandchild.*
> SPRICHWORT AUS WALES

Jung bleiben durch Enkel

Drei von vier Frauen über 60 Jahre sind Omas – auch in unseren Zeiten noch, da Frauen seltener Kinder bekommen. Etwa jede zweite Großmutter lebt mit ihren Enkeln in einem Ort. Die meisten Omas sind nicht nur glücklich über ihre Enkelkinder, sondern auch stolz auf sie. Und es ist ganz selbstverständlich, einiges für das Enkelkind zu tun – es zum Beispiel zu betreuen, wenn die Eltern nicht da sind. Großmuttersein wird meistens als Bereicherung empfunden – ein neuer Lebensabschnitt.

Geschichten aus der Schmuckschatulle

Kinder lieben es, die Schmuckstücke der Oma zu betrachten, besonders wenn sie dabei erzählt, woher die Schmuckstücke kommen, zu welchem Anlass sie diese bekommen hat, wie die verschiedenfarbigen Steine heißen etc. Ein aufregende Sache, und glauben Sie ja nicht, dass sich nur Mädchen für Schmuck interessieren!

Der Stammbaum

Ein tolles Gefühl, seinen eigenen Stammbaum zu betrachten: So viele Menschen waren notwenig, um gerade mich hervorzubringen! Fertigen Sie mit dem Kind zusammen einen kleinen Stammbaum an, der das Kind selbst, seine Geschwister, die Eltern und die Großeltern mit einschließt. Der zweite Schritt besteht darin, die Geschwister der Eltern und deren Kinder, also Cousins und Cousinen einzufügen. Im dritten Schritt folgen dann die Geschwister und Eltern von Omas und Opas.
Anschaulich wird der Stammbaum, wenn man ihn mit den Fotos der Verwandten beklebt.
Erzählen Sie kleine Episoden aus dem Leben der einzelnen Personen. So werden diese Menschen für das Kind lebendig und es ist viel einfacher, sich den Namen vom Onkel Ferdinand zu merken, wenn man weiß, dass er es war, der die Eiche in Omas Garten gepflanzt hat.

Aufgepasst!

»Augen zu!« Während das Kind die Augen fest geschlossen hält, stellen Sie ihm Fragen, zum Beispiel:
»Welche Farbe hat mein Pulli?«
»Welche Schuhe habe ich an?«
»Welche Farben haben meine Augen?«

Sie werden staunen, was da alles geantwortet wird! Aber abwarten! Vielleicht dreht ihr Enkelkind den Spieß ja mal um und fragt Sie! Da merkt man dann selber, wie ungenau man doch seine nahe Umwelt betrachtet.

Die Fotofamilie

In ein kleines Fotoalbum, Stickeralbum oder ein Heft werden Fotos von allem Familienmitgliedern geklebt, einschließlich eines von Wuffi, dem Dalmatiner, und Goldfisch Alexander. Kinder lieben es, ein eigenes Fotoalbum zu besitzen und zeigen es stolz ihren Freunden, den Erzieherinnen im Kindergarten und wer ihnen sonst noch in die Quere kommt. So ein klitzekleines Album ist auch ein prima »Mitnehmsel« für ein Kind, das ins Krankenhaus muss oder anderweitig ein paar Tage von der Familie entfernt verbringen soll.

Ein Souvenir von mir

Kinder lieben es, wenn man ihnen Geschichten von früher erzählt, als sie noch ein Baby waren, als sie die ersten Wörter brabbelten usw. Da gibt es die berühmten Geschichten voller Spannung, Aufregung und einem Happy-End, in denen sie die Hauptrolle gespielt haben. Aber – Hand aufs Herz – man vergisst wirklich eine Menge. Waren Philys erste Kindergartenhausschuhe rot oder grün? Womit spielte Hanna, als sie drei Jahre alt war? Waren Floris Haare wirklich einmal sooo hellblond? Um für sich und die Enkel solche Details zu bewahren, legen wir für jedes Kind ab und zu eine »Souvenirdose« an. Am besten eignet sich eine Kaffeedose, die man sorgfältig etikettiert und mit Datum versieht. Jetzt wird mit dem Kind zusammen alles in die Dose gepackt, was einem wichtig erscheint, zum Beispiel: ein Milchzahn, sorgfältig in ein Schmuckschächtelchen verpackt, ein

Stück von der Schultüte, eine winzige Haarsträhne mit Tesafilm und einem Schleifchen zusammengehalten, ein Foto, ein gerade ausrangierter Socken und vieles mehr. Schon ein Jahr später wird die Dose vom Vorjahr wie ein Schatz behandelt. Die Dosen sehr gut verschließen und an einem ganz geheimen Ort auf dem Dachboden oder im Keller aufbewahren! Das Enkelkind beim Verstecken der Dose unbedingt mitnehmen, da ein Schatzgräber den geheimen Ort leicht vergessen könnte!

- Ein nettes Familienritual: Für jedes Enkelkind jedes Jahr an Silvester eine Souvenirdose füllen. Dafür dürfen dann die Dosen aus den Vorjahren geöffnet und deren Inhalt bestaunt werden.

Extratipp: Fordern Sie größere Enkelkinder auf, einen Zettel mit ihren Wünschen für das kommende Jahr zu beschreiben. (Muss nicht zu Jahresbeginn sein!) Diese Wunsch-, Traum-, bzw. Vorsatzzettel werden ganz besonders diskret behandelt!

Mit Hand und Fuß

Hand- und Fußabdrücke eines Kindes dokumentieren sein Wachstum. Die Handflächen, beziehungsweise die Fußsohlen, werden mit Wasserfarben eingepinselt (Achtung, das kitzelt!) und auf einem weißen Blatt abgedruckt. Jeder Abdruck wird mit dem jeweiligen Datum versehen. Die Blätter mit den Abdrücken werden gelocht und in einem besonderen Ordner aufgehoben.

Ganz geheim

Heimlichkeiten zwischen Großeltern und Enkelkindern stärken die Bande zwischen den Generationen und die Kinder platzen fast vor Spannung, wenn sie so ein wichtiges Geheimnis, wie zum Beispiel eine Überraschung für Mamas Geburtstagsfeier, mit sich herumtragen.

Ganz besonders spannend ist es, wenn Oma und Enkel sich einer Geheimschrift bedienen und sich lauter kleine Botschaften zustecken.
Hier eine einfache Geheimschrift:
Fügen Sie in den Text jede Menge X, Y und Q ein. Das Kind weiß dann, dass es zuerst diese Buchstaben streichen muss, um den Text zu lesen, also:
QIQYCXHQXRUYFXYEQYYDIXCHQQMYOYXRGQEX-YNQXAYBEXNYQDYYAXNQ, heißt dann: »Ich rufe dich morgen Abend an.«
Ältere Kinder lesen die Botschaft von hinten nach vorne. Die gleiche Nachricht heißt dann in dieser Geheimschrift:
QNQYAXDNYEYBQXXAYNEQGQRYY-OQMYHCQIXDQYEYFUXQRYXHQCYYXIQ.

Geheimsprache

Toll, wenn man etwas versteht, was allen anderen ein Rätsel ist! Die einfachste Geheimsprache besteht darin, bestimmte, wichtige Wörter auszutauschen. Statt »Mama« könnte man vielleicht »Gurke« sagen, »Papa« wird ersetzt durch »Blumentopf«, aus dem Bruder Philipp wird »Gummibärchen« usw.
Ein einfacher Satz könnte dann lauten: »Weiß eigentlich das Gummibärchen schon, was er dem Blumentopf zu Weihnachten schenkt?« Das klingt lustig, ist sehr befriedigend, wenn man die fragenden Gesichter der nicht wissenden Familienmitglieder sieht und schmiedet die Geheimnisträger auf besondere Weise zusammen.

Die Buchstabenverwechsel-Geheimsprache

Oh, was ist denn jetzt los? Oma und Enkelkind sprechen plötzlich einen seltsamen Dialekt! Bei jedem verwendeten zusammengesetzten Hauptwort, z.B. Rasenmäher, werden die Anfangsbuchstaben der Wortteile vertauscht. Aus »Rasenmäher« wird also »Masen-räher«, aus einem »Gummistiefel« wird ein »Stummigiefel« usw. Später wird dann auch vor zusammengesetzten Verben nicht mehr Halt gemacht! Wenn beide Spieler gleichermaßen gut aufpassen und sich an die neue Rachspregelung halten, kommt bestimmt eine lustige Unterhaltung zustande.

Schnappschuss

Fotoapparate werden viel zu selten eingesetzt. Meistens reduziert sich ihr Einsatz auf Geburtstage und den Urlaub. Die kleinen, alltäglichen Dinge, die doch das Leben ausmachen, werden dabei vergessen. Damit sich Enkelkinder ein Bild vom Leben der Großeltern machen können, fotografiert man zum Beispiel den Opa, wie er die Mülltonne zur Straße zieht oder wie er sich morgens rasiert, die Oma beim Blumengießen oder Zeitunglesen, den Hund beim Fressen, und viele solcher gewöhnlichen Situationen mehr.

Die Fotos schickt man immer wieder mal als kleinen Gruß ans Enkelkind. Jetzt kann es sich den Alltag bei Oma und Opa weitaus besser vorstellen.

Tipps:

- Statten Sie Ihr Enkelkind mit einem leicht zu bedienenden Fotoapparat aus! Bestimmt flattern Ihnen dann auch öfter mal ein paar Schnappschüsse ins Haus!
- Kaufen Sie lieber Filme mit weniger Aufnahmen darauf und knipsen Sie den Film voll!
- Wer mit dem Computer umgehen kann, mailt die Fotos gleich »taufrisch« und aktuell ans Enkelkind.

Die andere Seite

Vergessen Sie nicht, dass ihr Enkelkind noch eine andere Oma und einen anderen Opa hat. So verschieden sie auch sein mögen, beide Seiten lieben das Enkelkind. Unsinnige Konkurrenzkämpfe zwischen Großeltern werden am schnellsten unterbunden oder kommen erst gar nicht auf, wenn man Gelegenheit hat, sich kennen zu lernen. Warten Sie nicht auf den Anstoß von der »anderen Seite«, sondern ergreifen Sie die Initiative! Laden Sie die Großeltern am besten ohne Kinder und Enkel zu sich ein und staunen Sie über die vielen Gemeinsamkeiten.
Übrigens: Sollte die Ehe der Eltern auseinander gehen, so tragen Sie dazu bei, dass auch die »anderen« Großeltern nicht den Kontakt zu den Enkelkindern verlieren. Großeltern zu haben ist ein großes Glück für ein Kind und ich habe noch kein Kind erlebt, das sich von seinen Großeltern scheiden lassen wollte.

Ich kenn' mich aus in Omas Haus!

Während das Kind draußen vor der Wohnzimmertür wartet, verstellt die Oma ein beliebiges Möbelstück im Zimmer, zum Beispiel einen Stuhl, eine Stehlampe oder einen Hocker. Dann ruft Oma: »Reinkommen!« und das Kind betritt den Raum. Wer kennt sich aus in Omas Haus? Bestimmt kann das Kind bald angeben, was hier verändert wurde. In der nächsten Spielrunde wird die Veränderung einen kleineren Gegenstand treffen, vielleicht eine Blumenvase, ein Bild an der Wand, eine Fotografie auf dem Klavier usw. So wird das Kind angehalten, noch genauer hinzusehen und sich noch mehr Einzelheiten einzuprägen. Dann werden die Rollen getauscht. Jetzt ist das Kind an der Reihe, Omas Beobachtungsgabe und Gedächtnis einer Prüfung zu unterziehen.

Oma, du warst ja mal ein Kind!

Unglaublich, aber wahr: Auch die Oma ist nicht als solche zur Welt gekommen! Wie spannend, wenn man mit der Oma die Gegend besuchen kann, in der sie aufgewachsen ist, den Bach zu sehen, in dem sie Blutegel geangelt hat, den Weiher zu besuchen, in dem sie das Schwimmen gelernt hat, den Hügel zu betrachten, auf dem sie sich beim Skifahren das Bein gebrochen hat, die Schule zu bestaunen, in der die Oma Lesen und Schreiben gelernt hat usw. Vielleicht gibt es sogar noch den Bäckerladen, wo es den besten Waffelbruch der Welt zu kaufen gab, den Baum, auf dem die sauersten Kirschen der Welt wuchsen und vielleicht trifft man ja eine andere Oma, mit der die eigene Oma zur Schule ging und die sich heute noch an so manches Erlebnis erinnert, von dem die Oma bislang nie erzählte ....

Die Geschenke-Kiste

Die Geschenke-Kiste gehört der Oma und dort bewahrt sie all die lieben Geschenke auf, die sie von ihrem Enkelkind im Laufe seiner Kindheit so geschenkt bekommt: Muscheln vom Strand, wo man die Sommerferien verbracht hat, erste und alle weitere Gemälde des jungen Künstlers, Briefe und Ansichtskarten, selbst gebastelte Tonungeheuer, die eigentlich als Heilige Familie geknetet und geformt wurden, selbst gebastelte Weihnachtssterne und vieles mehr.

Außer der Oma ist es bald das Enkelkind selbst, das immer wieder in dieser Kiste kramen möchte und mit der Oma in Erinnerungen schwelgt: »Weißt du noch, als ich dir diesen Kerzenpilz zum Geburtstag geschenkt habe?«

Oma ist immer für mich da

Natürlich können Kinder mit ihren Problemen und Problemchen auch zu ihren Eltern gehen, aber Mütter und Väter sind nicht unbedingt Meister im Zuhören, denn sie sind oft viel zu sehr mit ihrem eigenen Kram beschäftigt.
Wunderbar, wenn dann eine Großmutter im Hintergrund wartet, die ihrem Enkel ungeteilte Aufmerksamkeit schenkt und sich ihm begeistert zuwendet.

> *In einer harmonischen Familie sprießt das Glück von allein.*
> CHINESISCHES SPRICHWORT

Schwer zu sagen ...
Wer am Telefon die Frage hört: »Na, wie geht's?«, wird kaum mit etwas anderem antworten, als »Gut!«. Wesentlich motivierender zum Reden und Erzählen sind Fragen wie: »Was war das Tollste, das du heute erlebt hast?« oder: »Worüber hast du dich heute geärgert?«
Denken Sie auch daran, dass gerade die kleinen Kinder erst einmal über Ihre Frage nachdenken wollen. Viel zu schnell haben Erwachsene gleich Vorschläge für mögliche Antworten parat und das Gespräch mit dem Kind verkommt zu einer Art »Multiple Choice« – Test.
Zeigen Sie dem Kind, dass Sie wirklich Zeit haben und auf seine Antwort gerne warten. Seien Sie ein Vorbild und erzählen Sie dem Kind auch, was Sie heute Tolles erlebt haben, warum Sie sich auf morgen freuen und was Sie in nächster Zeit so alles geplant haben.

Der Fanclub

Jedes Kind hat zu jeder Zeit irgendwelche Hobbys, besondere Interessen oder Idole, für die es Zeit, Taschengeld und Energie aufwendet. Unterstützen Sie diese Vergnügen, zum Beispiel indem Sie:

- entsprechende Artikel aus der Zeitung schneiden, in denen es um das jeweilige Hobby oder die jeweilige Lichtgestalt geht;
- mit dem Enkelkind die begehrten Kinofilme anschauen, das betreffende Konzert besuchen, dem jeweiligen Sportclub von der Zuschauertribüne aus zujubeln;
- dem angehimmelten Idol einen Brief mit beigelegter Glückwunschkarte, frankiertem Umschlag und der Bitte schicken, die Karte rechtzeitig zum Geburtstag des Kindes zurück zu senden.

Und ab die Post!

Kinder lieben es, Post zu bekommen und Großeltern sind da die allerbesten Absender, weil sie es nicht krumm nehmen, wenn mal keine Rückantwort kommt. Besonders die Großeltern, die von ihren Enkelkindern weit entfernt wohnen, sollten die Möglichkeit, per Post in Verbindung zu bleiben, unbedingt ausnützen.

Niemand erwartet einen langen Brief! Es genügt vollkommen, wenn ein lieber Gruß auf der Karte steht. Zur Abwechslung kann man ein jüngst geknipstes Foto beilegen, interessante Briefmarken, die man gesammelt hat, einen Artikel aus der Zeitung, der das Kind interessieren könnte, Witze, Rätsel, lustige Bilder, das Rezept für die Lieblingskaramellbonbons usw.

Extratipp: Erstklasskinder, die gerade dabei sind Buchstaben zu lernen, freuen sich riesig über einen Minibrief, den sie schon selber lesen können. Fragen Sie nach, welche Buchstaben Ihr Enkelkind schon gelernt hat und reduzieren Sie den Text auf Wörter mit diesen Buchstaben. Das ist ganz schön knifflig, aber Spaß macht es bestimmt.

Ein Päckchen von Oma

Ein Kind, das sich in der Fremde aufhält, sei es in einem Internat, einem Erholungsheim oder einem Sommercamp, freut sich sehr über ein kleines Päckchen von der Oma. Darin könnten zum Beispiel Omas supertolle Schokoplätzchen sein, ein kleines Buch, ein Tagebuch, ein Kuscheltier, ein Foto von Oma, Opa und dem Enkelkind, eine besonders lustige Zahnbürste und ein bisschen Extra-Taschengeld. Natürlich darf auch ein Brief von der Oma nicht fehlen. Wetten, dass sich Ihr Enkelkind an Omas »Care-Pakete« noch erinnert, wenn es selbst schon Oma oder Opa geworden ist?

Die Omatasse

Ein Ritual, das Sie mit Ihrem Enkelkind verabreden: Wer zu den Großeltern zu Besuch kommt, darf den Tee oder Kakao aus einer besonderen Tasse trinken – aus einer Tasse, die nur bei dieser Gelegenheit aus dem Schrank genommen wird und die kein anderer benutzen darf, jedenfalls kein anderer Erwachsener. Wer sucht die Tasse aus? Kaufen Sie die Tasse gemeinsam mit Ihrem Enkelkind ein oder machen Sie eine Überraschung daraus?

Taschenspiel

Noch ein Aufmunterungsspiel für längere Gänge. Alle paar hundert Meter darf Ihr Enkelkind in Ihre Mantel- oder Jackentasche greifen. Wundersamerweise findet sich darin immer wieder etwas Neues: mal ein Bonbon, mal ein witziges Bild (aus der Zeitung ausgeschnitten), schließlich ein Luftballon oder ähnliches. Die Tasche wird heimlich zwischendurch wieder aufgefüllt.

Der Fels in der Brandung

Egal, ob Ihr Enkelkind als Dornröschen auf der Bühne schlummert, als Englein beim Krippenspiel »eine frohe Botschaft« verkündet oder sich als Rechtsaußen des heimischen Fußballvereins blaue Flecken an den Schienbeinen holt: Seien Sie dabei und applaudieren Sie, was das Zeug hält! Zur Grundausstattung gehören: Fotoapparat, Pflaster, Papiertaschentücher, Bonbons und jede Menge Sicherheitsnadeln.
Teilen Sie die Freude an seinen Hobbys mit Ihrem Enkelkind – ein befriedigendes Erlebnis für beide Seiten: Sie bleiben jung dabei. Das Enkelkind findet Anerkennung.

- Ist die Enkelin eine begeisterte Reiterin, macht es Freude, wenn sich die Oma ebenfalls zu einer Pferdenärrin mausert,
  - Pferdebücher aus der Stadtbibliothek anschleppt und mit dem Enkelkind studiert,
  - mit in den Reitstall kommt,
  - sich die Lebensgeschichten der verschiedenen Pferde erzählen lässt,
  - beim Reiten ab und an zuschaut und hinterher sachkundige Kommentare abgibt.
- Ist der Enkel ein großer Tennisspieler, freut sich der Bursche, wenn Oma oder Opa am Rande des Tennisplatzes auftauchen, sein Training beobachten, Ahnung von Tennis haben und sogar mitreden können. Besonders toll, wenn die Großeltern ihn auch zu einem Turnier begleiten.

(Aber Vorsicht: In der Vorpubertät und Pubertät mögen die meisten Kinder ihre »Altvorderen« bei solchen Aktionen nicht mehr dabei haben.)

Oma kann trösten und Mut machen

Omas, auch Opas haben viel Lebenserfahrung und lassen sich deshalb nicht so schnell aus der inneren Balance bringen, wenn Not am Mann ist. Sie wissen, was ihr Enkelkind bei kleineren oder auch größeren Wehwehchen ermutigt und können entsprechende Mut-Macher-Spiele und Trostrituale aus dem Hut zaubern.

> *Glück ist die Gesundheit der Seele.*
> HANS LOHBERGER

Was hilft bei schlechten Träumen?

Deine schlechten Träume
stecke ich in die Tasche
und trage sie in den Keller.
Deine kleinen Sorgen
packe ich einen Koffer
und bringe sie auf den Boden.
Deine schlaflosen Nächte
lege ich in einen Karton
und schmeiße sie auf den Müll.
Deine schwarzen Ängste
setze ich in eine Rakete
und schicke sie zum Mond.

Atemspiele

Ein Spiel zum Ankuscheln und Aufwärmen für ein trostbedürftiges Enkelkind und eine verschmuste Oma: Das Kind liegt auf

Ihrem Bauch. Sie geben beim Atmen den Rhythmus vor: Erst atmen Sie schnell und flach, dann langsam und tief. Ihr Enkelkind atmet mit. Ein zärtliches Spiel, das Nähe schafft.

Viel Wärme schenken

Wenn sich Ihr Enkelkind beim Spielen nicht konzentrieren kann, wenn es nervös durch die Wohnung tigert oder extra gelangweilt vor dem Fernseher zappelt, wirkt die Nähe eines geliebten Menschen oft Wunder: Mancher Unruhegeist entspannt sich, wenn sich die Oma, ohne viel Worte zu machen, zu ihm setzt, und er ihre Nähe spürt. Die wohltuende Atmosphäre wird durch leise Musik verstärkt. Noch wirkungsvoller: Die Großmutter singt mit ihrem Enkelkind.

Pures Wohlbehagen

Großmütter wissen, was ein Kind glücklich macht:

- heißer Tee, wenn man im Herbst oder Winter draußen unterwegs war und verfroren nach Hause kommt,
- ein Ausruhstündchen auf dem Sofa unter einer großen warmen Decke, wenn man erschöpft vom Sport zu Hause eintrudelt,
- nach dem Baden ein auf der Heizung vorgewärmtes Badehandtuch und Nachtgewand,
- eine Wärmflasche im Bett, wenn es draußen stürmt und schneit,
- ein Nachtlicht, damit man sich im Dunkeln weniger einsam fühlt.

Nothelfer gebraucht

Eine außergewöhnliche Situation: Plötzlich bricht zu Hause einiges zusammen – die Mutter muss operiert werden, der Vater will bei ihr im Krankenhaus sein oder es kriselt massiv in der Ehe der Eltern ... Ist Not am Mann, bricht in einer Familie das Chaos aus, sollten Großmütter beherzt eingreifen: Die Enkelkinder beruhigen. Sie mit Kakao und Kuchen trösten, ablenken und vor allem lange und liebevoll in den Arm nehmen und auf diese zärtliche, zugewandte Weise ausdrücken: »Alles wird gut!« Omas wissen auch in heiklen Momenten, was zu tun ist. Es gelingt ihnen meist gut, die äußere und innere Ordnung aufrecht zu erhalten, den Chaostagen eine Struktur zu verpassen, für Regelmäßigkeit im Tageslauf zu sorgen, aber auch für Ablenkung durch intensives Vorlesen, gemütliche Fernsehstündchen, gemeinsame Ausflüge. Kurz: Sie vermitteln die Geborgenheit, die ein Kind dringend braucht, wenn sein Leben zu Hause durcheinander gerät.

Tränen – Wegpuste – Reim

Da bläst der Tränenwind
und trocknet geschwind
die Äuglein vom Kind.

Omas Apotheke

In Omas Apotheke gibt es Pflaster mit lustigen, selbst gemalten Bilder darauf, Schnupfennasen-Papiertaschentücher mit bunten Musterrändern und einem Tropfen Duftöl darin, sodass man sich aussuchen darf, ob man lieber in Kamille schnäuzt oder in Eukalyptus, in Orange oder Honigduft.

Eine Schnupfenkette gibt es dort auch. Sie besteht aus einem Filmdöschen voll Watte, auf die man mehrere Tropfen Eukalyptusöl geträufelt hat. Das Döschen bekommt mit einer spitzen Schere zwei Löcher, durch die man ein Band oder eine Kordel fädelt. Um den Hals getragen sorgt das Schnupfendöschen auch in Kindergarten und Schule für höchste Aufmerksamkeit der Kollegen!

Tipp: Blaue Fleckenmonster. Ein blauer Fleck wird mit einem Stift umkreist, bekommt ein Gesicht und breite Segelohren aufgemalt. Im Laufe der Tage wird sich das blaue Monster in ein grünes verwandeln, dann in ein gelbes und irgendwann ist es wieder verschwunden.

Das Schnupfennasen-Verslein

Ein Taschentuch
kommt zu Besuch,
für deine Nase,
mein lieber Hase.

Besuch am Krankenbett

Geschichten erzählen ist meistens Omas Aufgabe. Dabei ist es ganz schön anstrengend, sich immer wieder eine neue Geschichte aus den Fingern zu saugen. Wer ein krankes Enkelkind besucht, könnte aber jedes Mal ein anderes Kuscheltier, eine andere Puppe oder Handpuppe des Kindes nehmen und mit ihrer Hilfe eine Geschichte aus dem »Leben« dieses Wesens erzählen. Der Teddy erzählt vielleicht, woher er kommt, wie er, gemeinsam mit seinen Kollegen im Spielwarengeschäft darauf gewartet hat, dass ihn jemand mitnimmt, worüber er sich freut, was er am liebsten spielt, wo er am liebsten schläft …

Glücksberg

Draußen suchen Sie mit Ihrem Enkelkind einen Stein, dann verwandeln Sie den Stein in einen »Glücksberg«: Legen den »Glücksberg« mitten in einen mit Kreide auf Pflaster gezeichneten Kreis. Durchmesser des Kreises etwa 4 m. Von der Kreislinie werfen Sie Nüsse oder Knöpfe auf den Glücksberg und mit jedem Wurf äußern Sie, was sie Ihrem Enkelkind wünschen: »Glück. Gesundheit. Freunde ...« Dann werden die Rollen getauscht, ihr Enkelkind wirft und denkt sich gute Wünsche für Sie aus.

Meine Oma!

Das neue Baby-Enkelchen schreit? Achtung! Rennen Sie jetzt nicht zum Babybett! Das Baby wird Ihnen verzeihen, wenn Sie zwei Minuten später erscheinen, aber der große Bruder des Babys wird es Ihnen nicht verzeihen, dass Sie an ihm vorbei geschwebt sind, wie alle anderen Familienmitglieder, die seit dem Einzug der Minischwester verrückt spielen. Erst dem großen Bruder bestätigen, dass er ein prima Bruder ist und wie glücklich sich das Baby nennen kann, so einen großen Bruder zu haben. Danach gehen Sie geordneten Schritts zusammen mit dem Bruder zum Baby und kümmern sich um seine Belange.

Zwei Elefanten unterwegs

Oma versteht mich und merkt, dass etwas mit mir nicht in Ordnung ist, viel schneller, als die anderen Familienmitglieder das registrieren.

Ein wütendes, frustriertes oder einfach ausgepowertes Kind wird von der Oma ganz einfach in einen Elefanten verwandelt! Natürlich ist die Oma eines Elefanten selbst auch einer, nur dass er dem kleinen diesmal den Vortritt lässt.

Die beiden Elefanten trampeln, so fest sie können, wutschnaubend und lauthals trompetend durch das Haus, raus in den Garten, trampeln um Bäume und Büsche herum, von der Garagenmauer zum Mülltonnenhäuschen und kommen schließlich, nach einigen Minuten, ziemlich erschöpft wieder zum Ausgangsort zurück, aber erst, wenn sie sich wieder in ein liebes Kind und eine ebensolche Oma verwandelt haben.

Oma ist meine Freundin

Oma versteht mich

Auch wenn sie es wünschen, Eltern können nicht die besten Freunde sein, weil sie Verantwortung für ihr Kind tragen, für seine Erziehung zuständig sind. Sie müssen darauf dringen, dass Regeln verabredet, Grenzen gesetzt werden, wo es sein muss und sehr deutlich sagen, wo's lang geht, wenn ihr Sprössling Blödsinn veranstaltet.
Großeltern haben dagegen deutlich mehr Freiheiten, weil die Erziehung nicht ihre Angelegenheit ist. Deshalb können sie eher mit ihrem Enkelkind Freundschaft schließen.

> *Auch der Weiseste kann unermesslich viel von Kindern lernen.*
> RUDOLF STEINER

Wenn Gedanken reisen

Die Großmutter denkt ganz intensiv an ihr Enkelkind und stellt sich einen Moment lang vor, dass sich Gedanken übertragen lassen. Dann legt sie ihre guten Gedanken auf ihre Hand und pustet sie weg. Das macht sie jeden Morgen, wenn sie aufsteht. Ihr Enkelkind weiß das und freut sich über diese Vorstellung.

Vermittler gesucht?

Zu Hause fliegen manchmal die Fetzen – Streitereien zwischen Eltern und Kindern sind ganz normal, müssen sogar sein auf dem Weg in die Selbstständigkeit. Großeltern, die immer ein offenes Ohr für die Sorgen ihrer Enkel und Kinder haben, können beim Schlichten eines Streits eine wichtige Rolle übernehmen:

- Weil sie mehr Distanz zu den Familienproblemen haben, können sie gelassener reagieren und vorsichtig gegenrudern nach dem Motto: »Nun lasst mal die Kirche im Dorf!«
- Weil sie die Vertrauten ihrer Enkel sind, können sie sich für deren Belange stark machen: »Das müsst ihr mal aus Sicht eurer Kinder sehen!« Enkelkinder können Verstärkung gut gebrauchen.
- Weil sie ihre Kinder genau kennen, fällt es ihnen nicht schwer, die Position der Eltern möglichst unaufgeregt zu vertreten – sachlicher, weil sie mehr Abstand haben.

Eine zuverlässige Anlaufstelle

Für die meisten Großeltern ist es die reine Freude, engen Kontakt zu ihrem Enkel zu halten. Gerne signalisieren sie ihm Gesprächsbereitschaft: »Ich bin für dich da, wenn du mich brauchst und habe immer ein offenes Ohr für dich!« In der Regel weiß es ein Enkelkind zu schätzen, dass Oma und Opa nicht nur bereit stehen, sondern richtig aktiv werden, wenn die Dinge in seinem Lebens mal schief laufen. Sie kennen Vorgänge, von denen die Eltern keine Ahnung haben und helfen weiter,

- wenn beim Fußballspielen eine Scheibe zu Bruch gegangen ist, kommen sie für den Schaden auf,
- wenn das Enkelkind sein Portemonnaie verloren hat und einen Überbrückungskredit braucht,
- wenn es das aus der Bibliothek entliehene Buch verbaselt hat.

Der intensive Kontakt zu Großeltern wiegt Kinder in Sicherheit vor dem Unbill der Welt.

Augen zu

Ein Spiel, das Vertrauen stärk. Gespielt wird auf einem breiten, wenig begangenen Weg. Sie nehmen Ihr Enkelkind an die Hand, das Kind schließt die Augen und dann gehen Sie gemeinsam ein paar Schritte weiter. Dann werden die Rollen getauscht. Jeder vertraut sich dem anderen für einen Moment an.

Wenn die Sonne scheint

Sie sitzen mit Ihrem Enkelkind am Tisch und malen zuerst mit einem gelben Filzstift eine dicke Sonne mit zwanzig Sonnenstrahlen auf Papier und spielen dann das Sonnenspiel. Sie beginnen und stellen eine Frage: »Was soll der erste Sonnenstrahl wärmen?« Ihr Mitspieler muss eine Antwort darauf geben, sagt zum Beispiel: »Dieser Sonnenstrahl soll deine Nase wärmen!« Danach zeigt er auf einen weiteren Sonnenstrahl. Nun sind Sie an der Reihe zu sagen, was dieser Strahl wärmen soll: »Dieser Sonnenstrahl soll deinen großen Zeh wärmen!« Das Spiel endet, wenn alle zwanzig Strahlen »vergeben« sind.

Die Hobbys teilen

Mit zunehmendem Alter der Enkel übernehmen Großmütter auch die Rolle der Vertrauten. Oft kann man mit ihnen ausführlich über die Themen quasseln, die sich mit Mutter und Vater vielleicht nicht so gut besprechen lassen:

- »Ich habe keine Lust mehr auf die Klavierstunde, traue mich aber nicht, mit meinen Eltern darüber zu reden, dass ich den Unterricht aufgeben möchte!«
- »Ich habe eine Matheschulaufgabe in den Sand gesetzt und die schlechte Note vor meinen Eltern verheimlicht!«
- »Ich habe Ärger mit meiner Deutschlehrerin, weil ich bei den Hausaufgaben geschlampt habe!«

Für Großeltern ist es mitunter eine Gratwanderung, die Balance zu halten zwischen der Loyalität mit dem Kind und der mit den Eltern. Sie müssen von Fall zu Fall vermitteln und

- einerseits vorsichtig und taktvoll für die Interessen des Enkelkindes bei Mutter und Vater werben,
- andererseits umgekehrt bei dem Enkel Verständnis für die Anliegen seiner Eltern wecken.

Keine leichte, aber eine besonders sinnvolle Aufgabe, die Fein- und Taktgefühl von Großeltern verlangt.

Sternengespräche

Wenn Oma eine philosophische Ader hat, kann man mit ihr wunderbar über Gott und die Welt sprechen – zum Beispiel abends, wenn am Himmel ein wunderbarer Sternenhimmel prangt, kann man ein Fragespiel daraus machen:

- Was meinst du, gibt es Leben auf anderen Sternen?
- Wenn es möglich wäre, würdest du gerne auf den Mond reisen? Wenn ja, warum oder warum nicht?
- Wenn die Königin der Nacht hier bei uns auftauchen würde und jeder von uns drei Wünsche für die Erde frei hätte, was würdest du dir wünschen? Was sollte ich mir wünschen?

Flüsterstunde

Sie flüstern Ihrem Enkelkind eine Liebeserklärung ins Ohr. Daraufhin flüstert das Kind Ihnen eine Liebeserklärung ins Ohr. Das Spiel geht eine Weile hin und her. Das Flüstern, Wispern, Tuscheln macht nicht nur Spaß, sondern stärkt die Intimität von Oma und Enkel und verstärkt das Gefühl: Wir beide gegen den Rest der Welt.

Wichtige Rettungsanker

Viele Großeltern müssen heute miterleben, dass die Eltern ihrer Enkel auseinander gehen. Selten sind Kinder mit der Trennung einverstanden, denn meistens hängen sie an Mutter und Vater. In solchen Krisenzeiten werden Oma und Opa zu besonders gefragten Bezugspersonen, sie sind dann ein Rettungsanker: nicht nur zuverlässig für ihr Enkelkind da , sondern auch wichtig in der Rolle der Vertrauten. Bei ihnen kann das Enkelkind seinen Kummer abladen, sich mit den Großeltern aussprechen. Das Beste daran:

- Weil sie die ganze Familie gut kennen, können sie ihrem Enkelkind helfen, Klarheit zu gewinnen: »Was spielt sich vor unseren Augen ab? Was kommt wohl auf uns zu?«
- Sie können ihrem Enkelkind Rückhalt geben: »Du bist nicht allein mit deinem Kummer, auch wir sind betroffen!«
- Sie teilen die Gefühle ihres Enkelkindes – auch das ist ein kleiner Trost: »Wir sind ebenso traurig wie du es bist!«
- Aufgrund ihrer langen Lebenserfahrung wissen sie, was ihr Enkelkind jetzt braucht: besonders viel Geborgenheit, Nähe – wie gut, wenn sie ihm beides geben können.

Die Taschenfee

Sie verwandeln ein altes Stofftaschentuch mit Stoffmalstiften in eine gute Fee. Zeichnen Augen, Nase, Mund und Locken auf das Tuch und stecken es dann Ihrem Enkel als Glücksbringer in die Hosentasche: »Die Taschenfee passt auf dich auf, wenn du unterwegs bist!« (Das Tuch lässt sich auch durch einen bemalten kleinen und runden Kieselstein ersetzen.)

Oma hat gute Laune

Enkelkinder sind oft das ganze Glück ihrer Großeltern. Dieses Glück strahlen Oma und Opa aus, wenn sie mit ihrem Enkel auf dem Teppich liegen und Bauklötze aufschichten. Sie sind richtig gut gelaunt. Egal ob noch klein oder schon größer – ein Kind spürt diese grenzenlose Zuneigung und genießt die absolute Sicherheit: Oma und Opa haben mich lieb, darauf ist Verlass. Liebe kann man nie genug haben – das Gefühl geliebt zu werden macht jedes Kind selbstsicherer.

> *Familie ist das Vaterland des Herzens.*
> GIUSEPPE MAZZINI

Froh zu sein ...

Froh zu sein
bedarf es wenig,
doch wer froh ist,
ist ein König.

Zusammen lautstark das Lied vom König singen. Wer kann im Kanon singen?

Grimassen schneiden

Sie stellen sich gemeinsam mit Ihrem Enkelkind vor einen Spiegel und schneiden um die Wette Fratzen. Sie geben vor, wie der Gesichtsausdruck sein soll: erst grimmig und wüst, dann hold und süß, dann affig und geziert. Allein die Erfahrung, dass Oma und Opa albern sein können, macht einem Kind Freude.

Quasselstrippen?

Sie lassen während des Abendessens, unbemerkt von der Familie, einen Kassettenrecorder mitlaufen und spielen die Aufnahme der abendlichen Mahlzeit zum Vergnügen Ihres Enkelkindes am nächsten Tag vor.

Lebe glücklich, lebe froh

Lebe glücklich, lebe froh
Wie der König Salomo,
der auf einem Stuhle saß
und ein Stückchen Käse aß.
Werde glücklich, werde alt –
Draußen ist das Wetter kalt.

Das Enkelkind auf den Arm nehmen und mit ihm »Karussell« fahren: sich einmal um die eigene Achse drehen.

Gänseblümchen als Wahrsager

Ein beliebtes Spiel für Oma und Kind: Eine Gänseblume pflücken, ein weißes Blättchen nach dem anderen von der Gänseblümchenblüte zupfen und bei jedem Zupfen eine andere Frage stellen:

»*Werde ich fünf Kinder haben?*«
»*Werde ich vier Kinder haben?*«
»*Werde ich drei Kinder haben?*«
»*Werde ich zwei Kinder haben*«
»*Werde ich ein Kind haben?*«
»*Werde ich kein Kind haben?*«

Das letzte Blatt, das an der Blüte sitzt, entscheidet über die Zukunft.

Schimpfwörter-ABC

Aufgeblasener Affenheini,
Bärbeißiger Bollerkopp,
Chaotischer Cäsarverschnitt,
Dammeliges Doldengwächs,
Eingebildete Eiderdaunengans,
Fitzliges Flämmchen,
Grantiger Gackel,
Hickhackige Haubenlerche,
Irrwitziger Igelkaktus,
Jadegrüner Jokusfritze,
Klapperiges Kaffeekännchen,
Luftigleichtes Laberkläuschen,
Moppeliges Mausemäuschen,
Nimmermüdes Nusskipferl,
Oberschlauer Omnibusscheinwerfer,
Pappiger Paradiesapfel,
Quarkiger Quasselotto,
Rockige Ri-Ra-Rascheltante,
Salziges Suppenhühnchen,
Toffelige Tusnelda,
Ulkiger Urwaldforscher,
Verschlafenes Veilchen,
Wahnwitziger Wackerstein,
Xanthippiger Xerxes,
Yippie-Hippie-Yucca,
Zappeliger Zappzerapp.

Welche Oma, welcher Opa denkt sich zusammen mit ihrem Enkelkind ein neues Schimpfwörter-ABC aus?

Mädchennamen-Alphabet

Adelheid und Barbara,
Cordula und Dorothee
sitzen im Café am See,
trinken Milch und schwarzen Tee.
Elli und Felicitas,
Gustel und Hannelore,
singen laut im Chore
auf der Empore.
Iris und Jolandia,
Karola und Linette,
hüpfen auf dem Bette
und tanzen Menuette.
Marieluis und Nina,
Olanda und Pauline
spielen Violine
mit ernster Miene.
Victoria und Wally,
Xenia, Yell und Zelda
fahren rasend schnell
auf dem Karussell.

Wer erfindet zusammen mit seinem Enkelkind ein Jungen-ABC?

Das Bauchgesicht

Ein Spaß für heißes Sommerwetter: Sie tupfen und malen Ihrem Enkelkind nach dem Baden und Abtrocknen mit Creme ein Gesicht auf den nackten Bauch: einen großen Kreis mit Pünktchen-Augen, mit Strich-Nase, Strich-Mund und riesengroßen Ohren. Und dann schauen sie sich das Machwerk gemeinsam im Spiegel an.

Die kunterbunte Katze

Bei diesem Spiel kringelt sich Ihr Enkelkind wie ein Kätzchen auf Ihrem Schoß zusammen. Sie spielen derweil einen Maler, der die Katze von Kopf bis Fuß bunt färbt. Sie »malen« mit Ihrem Zeigefinger das Ohr des Kindes an und sagen: »Der Maler malt dieses Ohr grün an!« Dann »malen« Sie die Nase des Kindes an und sagen: »Der Maler malt die Nase lila!« Dann »malen« Sie seinen Hals an und sagen »Der Maler malt den Hals rot an!« Danach werden die Rollen getauscht. Jetzt werden Sie von Kopf bis Fuß »angemalt«.

Mit Kindern die Welt neu entdecken

Im Winter: Hintereinander durch den Schnee stapfen, die Kleinen in der Fußspur der Großen. Im Frühling: Durch den Wald wandern und Frühlingsdüfte schnuppern und das Vogelgezwitscher genießen. Im Sommer: In eine Baumkrone schauen, Sonne und Schatten beobachten. Im Herbst: Zusammen durch Laubberge stapfen und die Blätter mit den Füßen aufwirbeln. Und danach abwechselnd immer neue Spiele ausdenken.

Zusammen mit ihren Enkelkindern können Großeltern noch einmal das Leben kennen lernen. Für die Älteren eine Riesenchance: Sie erleben die Welt neu, sehen sie jetzt durch die staunenden Augen ihres Enkelkindes, das einen unverfälschten Blick auf das Leben hat. Sie entdecken mit ihm den Wandel der Jahreszeiten. Die Menschen, Tiere, die durch das Leben wuseln. Die Pflanzen, die das Bild prägen.

Alle Tauben fliegen hoch

Alle Mitspieler sitzen um einen Tisch. Jeder trommelt mit seinen beiden Zeigefingern auf die Tischkante. Es wird reihum gespielt. Wer an der Reihe ist, trommelt besonders laut mit seinen Fingern und nennt ein Tier, das fliegen oder auch nicht fliegen kann. Der älteste Spieler eröffnet das Spiel, trommelt mit seinen Fingern und sagt zum Beispiel: »Alle Tauben fliegen hoch!« Daraufhin strecken alle Mitspieler ihre Zeigefinger in die Luft.
Dann ist der Nächste in der Runde an der Reihe, sagt zum Beispiel: »Alle Hunde fliegen hoch!« Daraufhin bleiben alle Zeigefinger auf dem Tisch liegen.
Wer falsch reagiert, muss ein Pfand abgeben. Gewinner ist, wer nach etlichen Spielrunden am wenigsten Pfänder abgegeben hat.

Pfänder auslösen

Alle Pfänder, die beim Spielen zusammenkommen, werden mitten auf einen Tisch gelegt. Dann stellt sich ein Spieler an den Tisch, macht einen Buckel und schließt die Augen. Ein zweiter Spieler nimmt ein Pfand vom Tisch, pocht dem anderen auf den Buckel und fragt: »Was soll der tun, dem dieses Pfand gehört?« Danach lauschen alle, welcher Auftrag jetzt verkündet wird. Sie bekommen zum Beispiel zu hören: »Der, dem dieses Pfand gehört, soll rückwärts aus dem Zimmer und rückwärts bis zur Wohnungstür gehen!«

Oma hat viel Fantasie

Großmütter haben die Sorge, dass ihr Gedächtnis später nachlassen, dass sie nicht mehr ganz so flott im Denken sein könnten wie im Augenblick noch. Deshalb tun sie gerne etwas für ihr Köpfchen, spielen mit ihrer Fantasie, um ihren Geist zu schulen. Enkelkinder können dabei wunderbar mitspielen.

> *Age doesn't protect you from love.*
> *But love does protect you from age.*
> Jeanne Moreau

Überraschungsballons

Kommt Ihr Enkelkind zu Besuch, schenken Sie ihm jeden Tag einen besonderen Luftballon. Vor dem Aufblasen und Zubinden stecken Sie in jeden Ballon ein zusammengerolltes Papier. Auf dem Papier könnte zum Beispiel sein:

- eine kurze Vorlesegeschichte (Fotokopie),
- ein Tierbild aus einer Zeitschrift,
- eine witzige oder interessante Zeitungsnotiz,
- ein Kindervers.

Sie binden alle Ballons nebeneinander an eine Strippe, die Sie quer übers Kinderbett hängen.
Das Spiel: Ihr Enkelkind schneidet jeden Abend vorm Schlafengehen einen Ballon von der Strippe ab und lässt den Ballon platzen, damit es sich den Balloninhalt holen kann.
Sie schauen sich den Zettel zusammen an, Sie lesen ihn vor oder lassen sich vorlesen.

Landschaftsbilder

Sie schauen sich die Handlinien Ihres Enkels an und tun so, als hätten Sie eine Landkarte vor sich. Auf der Karte gibt es Flüsse zu sehen und kleine Bäche und dazwischen Wiesen, umgeben von Hügeln. Die Landschaft, die sie auf der Innenfläche der Hand entdecken, zeichnen Sie sanft mit Ihrer Fingerspitze nach und erzählen, was sich in dieser Landschaft tut: »Hier fährt ein Zug den Hügel hinaus« und »Dort steht eine alte Windmühle!«

Spielesack

Auf viele kleine Zettel schreiben Sie die Titel sehr unterschiedlicher Spiele, falten die Zettel zusammen und stecken Sie in einen Sack. Ist Ihr Enkelkind bei Ihnen zu Besuch, darf es einmal am Tag in den Sack greifen, einen Zettel herausfischen, den Zettel auseinander falten, lesen und das Spiel mit Ihnen spielen, das auf diesem Zettel vorgegeben ist.

Seifenblasen kommen dich besuchen

Sie pusten langsam fünf Seifenblasen auf Ihr Enkelkind zu und sagen dazu:
»Die erste Seifenblase wünscht dir zuverlässige Freunde!«
»Die zweiten Seifenblase wünscht dir eine schöne Kindergartenzeit (oder Schulzeit)!«
»Die dritte Seifenblase wünscht dir angenehme Träume!«
»Die vierte Seifenblase wünscht dir sonnige Sommertage!«
»Die fünfte Seifenblase wünscht dir eine Oma, die viel mit dir unternimmt!«

Ihr Enkelkind versucht die Seifenblasen zu fangen. Danach werden die Rollen getauscht. Was wünscht der Enkel der Oma?

Kunterbunter Blumenstrauß

Ich wünsche dir
weiße Rosen,
gelbe Tulpen,
blaue Kornblumen,
rosa Phlox,
weiße Margeriten,
blaue Glockenblumen…

… der dicke Blumenstrauß existiert nur in der Fantasie. Zuerst hält Oma ihre zehn Finger in die Luft und das Enkelkind tickt mit jedem Blumenwunsch einen neuen Finger an, dann wird das Spiel umgekehrt: Jetzt hält das Kind seine zehn Finger in die Luft, die Oma tickt nacheinander alle zehn Kinderfinger an und äußert lauter Blumenwünsche.

Wir beide in der Schleierhöhle

Sie besorgen ein möglichst großes pastellfarbenes Tuch oder einen Tüllschleier und kleben oder klammern aus Gold- oder Silberfolie geschnittene Sterne auf das Tuch. Dann spannen Sie das Tuch als Baldachin zwischen zwei Stühle – an den Stuhllehnen festgeknotet. Später setzen Sie sich mit Ihrem Enkelkind auf dem Schoß unter das Zeltdach, das sie von oben beleuchten. Geborgen unter dem Pastellhimmel erzählen Sie Ihrem Enkel von Ihren Träumen und Sehnsüchten und bringen ihn auf diese Weise sicherlich auch zum Reden.

Tagträume

Großmütter haben viele Träume und Enkelkinder träumen gerne mit offenen Augen mit. Gemeinsam schwelgen beide in Fantasien, denken sich Bilder aus. In Gedanken gehen sie zusammen auf Reisen und erzählen einander davon. Einige Anregungen:

- ***Luftschlösser bauen.*** Mit dem Enkelkind auf dem Boden liegen und aus Bauklötzen ein Schloss bauen. Und dann beginnt ein Fantasiespiel: Das Schloss wird in ein Luftschloss verwandelt, in dem vier wunderschöne Feen leben. Die Feen heben das Schloss an, fliegen mit ihm aus dem Fenster hinaus, stellen das Schloss auf eine dicke weiße Wolke am Himmel – was wird dann aus dem Luftschloss und den vier Elfen? Wer erzählt die Geschichte weiter?
- ***Wenn Messer und Gabel feiern.*** Nachts, unbemerkt von allen, die im Haus schlafen, feiern die Messer, die Gabeln, die Löffel mit den Tassen und Tellern aus dem Geschirrschrank ein rauschendes Fest. Sie tafeln, tanzen und verschwinden erst gegen Morgen wieder in ihren Kästen und Schubladen. Wer feiert mit? Wer erzählt von dem Fest?
- ***Der Fantasievogel.*** Ein Fantasievogel, feuerrot, mit blauen Federn auf dem Kopf, stolz wie ein Löwe, schön wie ein weißes Rennpferd, wartet auf Gäste, die mit ihm einen Ausflug in den Dschungel machen möchten.

Rituale für größere Feste

Zu Besuch bei den Großeltern, werden ganz bestimmte Bräuche gepflegt:

- Während des Besuches bei den Großeltern darf das Wohnzimmer für einige Stunden mit Hilfe von Kissen und Decken in eine Höhle verwandelt werden. Wer haust in dieser Höhle? Steinzeitmenschen? Eine Bärenfamilie? Räuber? Immer neue, andere Wesen bevölkern die Höhle und spielen darin.
- Im Garten darf aus Kisten, Kissen und Decken der Grundriss einer Wohnung ausgelegt werden – ein Haus mit mindestens drei »Räumen«, in dem Stofftiere leben. In diesem Haus wird dann ein Picknick veranstaltet.

Mit Oma wirds nie langweilig

Oma erzählt Geschichten

Das hat sich nicht verändert: Omas sind für ihre Enkel immer noch die wichtigsten Geschichtenerzähler, denn sie verstehen eine Menge vom Leben und geben ihre Sicht der Dinge gerne an Enkel weiter. Beim Erzählen und Vorlesen entsteht die Nähe und Wärme, die durch kein anderes Medium zu ersetzen ist und das wissen Kinder in der Regel zu schätzen. Sie hören nicht nur gerne zu, sondern schauen auch gerne zu. Beobachten die Mimik und Gestik der Großmutter, wenn sie vorliest. Oder freuen sich, wenn der Großvater beim Erzählen gleich ein halbes Theaterstück vorführt.

Warum kann man nicht Enkel haben,
ohne Kinder haben zu müssen!
GÖRAN JÄRVEFELT

Erzählen und mit Wörtern spielen

Es regnet, es ist kalt draußen. Für Großeltern manchmal ein Grund zur Sorge: Ihr Enkelkind, bei ihnen zu Besuch, kann nicht toben, muss in der Wohnung bleiben – in einer Wohnung, die nicht unbedingt auf Kinderbedürfnisse eingerichtet ist. Die kein Kinderzimmer bietet und keine Spielzeugkiste. Die Situation entspannt sich, wenn es sich Großeltern und Enkel zusammen gemütlich machen und Geschichten erzählen. Welche Geschichten kommen bei Kindern an?

- ***Fantasiegeschichten.*** Oma denkt sich eine Figur aus und erfindet einen Fortsetzungsroman zu dieser Figur – jeden Tag gibt's eine neue Folge. Es lohnt sich, die selbstgebastelten

Geschichten mit dem Kassettenrekorder aufzunehmen: zur Erinnerung an die schönen Erzählstunden.

- ***Tiergeschichten.*** Wie leben die Mäuse? Wie die Kaninchen? Warum sind Füchse unbeliebt bei vielen Menschen? Wieso gibt es Jäger? Tiergeschichten jeder Art bieten eine Menge Stoff zum Erzählen. Oder auch Vorlesen. Ein Lexikon oder ein Tierbuch zu Hilfe nehmen.
- ***Märchen.*** Die alten Märchen von Schneewittchen und Dornröschen gehen verloren, wenn sie nicht vorgelesen, erzählt – von einer Generation an die nächste weitergegeben werden. Großmütter, Großväter sind als Erzähler, als Vorleser unentbehrlich.

Kommen die alten Geschichten bei den Kindern von heute überhaupt noch an? Sie kommen. Wichtig ist, ein paar Worte dazu zu sagen. Auf die besondere Sprache hinzuweisen. Manche Details zu erklären. Die schwarzen Töne, die in manchen Märchen vorherrschen, vielleicht für die ganz jungen Zuhörer etwas abmildern.

Warum das Geschichtenerzählen so wichtig ist

Eilige Zeitgenossen nehmen sich selten die Zeit zum Erzählen, sondern spulen Geschichten gerne per Kassette ab oder setzen Kinder vor den Fernseher. Mehr haben Kinder davon, wenn ihnen Geschichten erzählt oder vorgelesen werden. Warum?

- Weil sie eine vertraute Stimme hören und in dieser Stimme Emotionen mitschwingen – genau die Emotionen, die ein Kind veranlassen, genauer hinzuhören, die Geschichte nicht nur an sich vorbeirauschen zu lassen, sondern wirklich aufzunehmen. Die Stimmen von Oma und Opa sind dem Enkelkind vertraut. Jede Nuance dieser Stimmen hat eine ganz eigene Bedeutung. Wenn die Geschichte spannend wird, dann beginnt die Stimme des Großvaters immer zu zittern. Und niemand kann geheimnisvoller flüstern als die Großmutter, wenn's in einem Märchen gruselig wird. Wenn die Großeltern erzählen oder vorlesen, geht es also um viel mehr als nur den Inhalt einer Geschichte. Es geht auch um Zärtlichkeit, die mitschwingt. Um ein Gefühl von Geborgenheit, das dabei aufkommt.

- weil es Kinder genießen, dass sich ein Großer Zeit für sie nimmt.

Konservierte Geschichten

Beim Vorlesen wird ein Kassettenrekorder eingeschaltet und so die Geschichte auf Band konserviert. Wenn das Enkelkind das nächste Mal krank im Bett liegt und gerade die große Langeweile herrscht, liefert der Postbote die Vorlese-Oma sozusagen »frei Haus«.

Wörterspiel

Der Enkel darf drei Wörter vorgeben – zum Beispiel Haus, Mond und Kuh. Aus dem Stand muss die Großmutter zu den drei Wörtern eine Geschichte erfinden. Anschließend gibt sie drei Wörter vor und das Enkelkind muss eine Geschichte dazu basteln. Ein anspruchsvolles Spiel auf den ersten Blick, das sich aber üben lässt.

Johann

Diese Geschichte fängt mit einem Geschenk an – mit einem Geschenk namens Johann. Johann könnte ein Stofftier sein, kein gewöhnliches Stofftier, sondern die Hauptperson in der Geschichte, die Sie Ihrem Enkelkind erzählen – alle paar Tage gibt es eine Fortsetzung.

Mondmärchen

Oma und Enkeln schauen abends zusammen den Mond an und Oma erfindet Märchen, die auf dem Mond angesiedelt sind. Mal erzählt sie vom Mann im Mond, der da oben ein kärgliches Dasein fristet, mal vom Mondkalb, das in den Mondbergen lebt. Wer wohnt außerdem noch auf dem Mond? Kleine grüne Männchen? Oder Schafe?

Landkartenfinger

Sie wandern mit dem Finger über eine Landkarte. Ihr Enkelkind ruft »Stop«. Dann überprüfen Sie zusammen, wo der Finger gelandet ist und denken sich Geschichten aus zu diesem Ort: eine Reisegeschichte, die mit Frankfurt zu tun hat oder eine, die mitten in der Pfalz angesiedelt ist. Ein Nebeneffekt dieses Spiels: Ihr Enkel lernt Deutschland kennen, jedenfalls auf der Landkarte.

Wie war Mama als kleines Kind?

Geschichten, die ein Kind immer wieder gerne hört: »Wie war das damals, als Mama noch ein kleines Kind war? Erzähl mal!« Eine Variation dieses Spiels: Ein Interview führen. Das Enkelkind befragt die Oma, die versprochen hat, jede Frage gründlich zu beantworten. Mögliche Fragen:

- »Wo habt ihr damals gewohnt – wie sah eure Wohnung aus?«
- »Wo hat Mama am liebsten gespielt – in der Wohnung, Garten, auf dem Spielplatz und wie sah es dort aus?
- »Womit hat Mama gerne gespielt?«
- »Wer waren ihre Kindergarten-, ihre Schulfreunde?«

»Dieselbe Geschichte bitte noch einmal ...!«

Jedes Kind hat seine Lieblingsgeschichten, die es gar nicht oft genug hören kann. Langweilig – diese ewigen Wiederholungen?

Kein bisschen, denn es macht ihm Freude, jedes Minidetail »seiner« Geschichte im Voraus zu kennen, genau zu wissen, was nach dem nächsten Satz kommt. Was es von A bis Z kennt, vermittelt einem kleinen Zuhörer das Gefühl von Stabilität und damit ein Stück Sicherheit in einer unendlich großen, unüberschaubaren Welt: Hier kenne ich mich aus. Ich weiß, was auf mich zukommt.
Leicht gehetzten Eltern fehlt oft das Verständnis und die Geduld für diese Vorliebe ihres Nachwuchses, einer Großmutter fehlt sie dagegen nicht. Viele Omas verfügen über die richtige Gemütslage zum Erzählen – die nötige Engelsgeduld und Bärenruhe. Kein Problem für sie, dieselbe Geschichte x-mal zu erzählen: »Es war einmal ....«

Bilderbuchgeschichten

Sie schauen sich zusammen mit Ihrem Enkel sein Lieblingsbilderbuch an, klappen das Buch zu und denken sich gemeinsam aus, wie die Geschichte weitergehen könnte.
Oder Sie picken sich einzelne Gestalten oder Gegenstände aus den Bildern im Buch heraus und erzählen dazu neue Geschichten.

Das versteckte Lied

Sie verstecken die erste Zeile eines bekannten Liedes oder Kinderverses in einer kleinen Fantasiegeschichte, die Sie sich ausdenken und die Sie erzählen. Findet Ihr Enkelkind das, was Sie versteckt haben?

Das Uhrenspiel

Die meisten Kinder sind von Uhren fasziniert, nehmen sie gerne in die Hand, schauen sich Ziffernblatt und Zeiger an und sind erst recht begeistert, wenn die Uhr auch noch tickt.

Es macht Spaß, zu den Uhrzeiten abwechselnd Geschichten zu erzählen. Die erste Geschichte beginnt morgens in der Frühe: »Um sieben stehe ich auf ... Und was machst du morgens um sieben?« Dann ist der andere an der Reihe mit Erzählen: »Morgens um sieben schlafe ich noch ...«

Die Endlosgeschichte

Ein Spiel für zwei. Sie sagen ganz spontan – langes Nachdenken ist nicht erlaubt –, was Ihnen einfällt, wenn Sie das Wort Sommer hören – zum Beispiel: »Ferien am See«. Daraufhin entscheidet sich Ihr Enkelkind entweder für das Wort »Ferien« und sagt, was ihm dazu einfällt, oder es beschäftigt sich mit dem Wort »See« und überlegt, was es dazu zu sagen gibt. Dann nennt Ihr Enkelkind ein neues Wort. Was fällt Ihnen dazu ein?

Das Ende raten

Sie erzählen eine Geschichte, brechen ab, wenn die Geschichte gerade besonders spannend wird und nun erzählt Ihr Enkelkind, wie's weitergeht. Wenn die Geschichte auf den nächsten Höhepunkt zusteuert, bricht es ebenfalls ab und nun sind Sie an der Reihe mit dem Weitererzählen. Auf diese Weise spinnen Sie die Geschichte immer abwechselnd weiter. Das Spiel endet erst, wenn die Lust am Weiterspielen nachlässt.

Lückengeschichte

Sie schreiben eine kurze Geschichte auf und lassen dabei einige Wörter aus:

Auf der alten Eiche hinter dem ... wohnt ein ... Am Tage sieht man ihn nie. Aber ... kommt er aus seinem Versteck und geht auf Mäuse... Wenn er von der Jagd zurückkommt zur alten ..., dämmert schon der ...

Sie geben diese Geschichte an Ihr Enkelkind weiter, das sich bemüht, die Löcher zu füllen. Wer erfindet danach die nächste Lückengeschichte?

Familiengeschichten

Ein Fotoalbum aus alten Zeiten bietet mehr als genug Anreiz, von diesen Zeiten anschaulich zu erzählen. Von den Verwandten, die auf den Bildern zu sehen sind und von den Freunden. Von Ferienaufenthalten oder eventuellen Umzügen.

Oma und der Fehlerteufel

Niemand erzählt so gut Geschichten wie die Oma. Eine Geschichte kennt das Enkelkind schon in- und auswendig, will sie aber trotzdem schon wieder hören. Diesmal hat sich aber der Fehlerteufel in die Geschichte geschlichen. Also erzählt die Oma vielleicht, dass ein Mädchen, komplett in Blau gekleidet, seine Tante besuchen will, die tief im Wald in einem Wohnwagen krank darniederliegt. Das Kind hat eine Plastiktüte mit leckeren Dingen für die Tante dabei: Käse und Salami, Orangensaft und Kaugummis. Unterwegs fällt dem Blaukäppchen ein, dass sich die Tante bestimmt über einige Fichtenzapfen freuen könnte und beginnt mit dem Sammeln. Aber da kommt der Fuchs des Weges und fragt das Blaukäppchen …
Oh, je, Oma, was ist denn das für eine Geschichte! Das Kind kringelt sich vor Lachen und verbessert die Geschichte:
Also das Mädchen heißt »Rotkäppchen«, weil es lauter rote Sachen an hat und ein rotes Käppchen auf dem Kopf. Außerdem will es seine Oma besuchen und nicht die Tante und die wohnt auch nicht im Wohnwagen …

Omas Fundgrube

Glücklicherweise ziehen die meisten Großeltern nicht um. Und das ist gut so, denn das hat für Enkelkinder den wunderbaren Nebeneffekt, dass sich in Schränken und Kästen eine Menge Krimskrams angesammelt hat – lauter Zeug, das auch Kinder sehr gut gebrauchen können. Deshalb kommen sie bei Oma und Opa auch ohne ihre gewohnten Spielzeuge gut über die Runden, denn es macht Spaß, in den Ecken Sachen aufzustöbern, mit denen sich eine Menge anfangen lässt: Nähgarnrollen, Bänder und Bindfäden, Stifte, leere Schachteln …

> *Alle Kinder haben die märchenhafte Kraft, sich in alles zu verwandeln, was immer sie sich wünschen.*
> JEAN COCTEAU

Knöpfchen mit Köpfchen

Omas besitzen meistens Dinge, für die im Elternhaus kein Platz und keine Zeit ist, oder kein Sinn gesehen wird. Eines dieser Zauberdinge ist eine Knopfschachtel. Kinder können sich stundenlang mit wahrer Begeisterung nur mit Knöpfen beschäftigen. Wer die bunten Dinger dann genügend betrachtet, betastet und sortiert hat, könnte:

- ein Knopfbild auf dem Tisch auslegen;
- eine Schlange nur aus weißen (zwei-löchrigen …) Knöpfen legen;
- zehn Knopfpaare aussuchen, sie unter Pappbechern verstecken und »Memory« spielen;
- Baseballkappen, Handschuhe und T-Shirts mit den schönsten Knöpfen dekorieren;

- zehn verschiedene Knöpfe auf einen Teller legen, eine Minute lang betrachten, Augen fest zuzwicken und dann heraus bekommen, welchen Knopf die Oma inzwischen entwendet hat;
- die allerschönsten Knöpfe auf einer Schnur auffädeln;
- ausrangierten, partnerlosen Socken Knopfgesichter aufnähen;
- Geschichten erfinden, wo welcher Knopf eigentlich hingehört, warum er so wichtig ist und wie er in Omas Knopfschachtel gelangt ist. Da gibt es vielleicht einen weißen Perlenknopf, der eigentlich am Hochzeitskleid vom Schneewittchen angenäht war, aber…
  Der goldene Münzenknopf gehörte dagegen einem Piraten, der nun die sieben Weltmeere auf der Suche nach diesem fehlenden Exemplar umsegelt …

Die Schatztruhe

Ein kleines, altes Kästchen oder eine verschließbare Dose ist bestens als Schatztruhe geeignet. Als Inhalt eignen sich jede Art von Münzen, besonders ausländisches Geld fasziniert kleine Schatzbesitzer. Zudem könnten sich in einer Schatztruhe auch noch ein paar Perlen finden und besonders schön glitzernde Steine. Die Schatztruhe wird nur zu besonderen Anlässen und an einem geheimen Platz, bei zugezogenen Vorhängen geöffnet… Der Inhalt muss natürlich immer wieder ergänzt werden, damit die Sache auch spannend bleibt.
Tipp: Euro- und Cent-Münzen aus den verschiedenen Ländern sammeln und vergleichen.

Mein Platz bei Oma und Opa

Im Herzen der Großeltern erobert sich das Kind schnell einen festen Platz. Toll wäre es natürlich auch, wenn es im Haus der Großeltern ebenfalls »seinen« Platz hätte. Das könnte eine bestimmte Ecke im Gästezimmer sein, mit einem Regal, auf dem all die tollen Bücher stehen, die man gemeinsam gelesen hat, eine Kiste mit den Spielsachen, mit denen man sich eben nur bei den Großeltern beschäftigt, Stifte, Papier, Bastelmaterial und vieles mehr. Wenn die Großeltern weniger Platz haben: Ein Koffer unter Omas Bett tut's auch.

Babywanne

Halt! Die Babywanne nicht weggeben! Sie wird auch größeren Kindern noch lange Zeit gute Dienste tun, zum Beispiel als Minisandkasten oder als Miniplanschbecken für den Balkon, als »See«, auf dem man seine selbst gefalteten Schiffchen schwimmen lassen kann oder als Puppenschwimmbecken.

Aus Omas Spielkiste

Viele Spiele aus der Zeit der Großeltern und Eltern sind längst aus der Mode gekommen. Manche davon, zum Beispiel Jojos, Gummitwist und Seilspringen erscheinen in regelmäßigen Wellen wieder an der Oberfläche, andere, wie zum Beispiel Löwenzahnkringel, Kartoffelpistole und Wackelbildchen haben nur noch durch die Großeltern eine Chance, vor der Vergessenheit gerettet zu werden.

Die Spiele von einst gefallen den Kindern auch heute noch, vorausgesetzt es gibt jemanden, der voll Schwung und Ausdauer mitspielt. Fangen Sie gleich damit an! Ein Stück Kreide zur Hand? Dann könnte man vielleicht Hüpfkästchen auf den Asphalt der Garageneinfahrt zeichnen. Beim Zeichnen fallen einem dann bestimmt die Regeln, Zusatzregeln und Tricks wieder ein. Wenn nicht, erfinden wir eben zu den alten Hüpfkästchen neue Regeln.

Verkleiden

Kinder jeden Alters verkleiden sich leidenschaftlich gerne. Eine Kiste, in der man Faschingskostüme, alte Kleidung und jede Menge Accessoires wie Hüte, Handschuhe, Perlenketten, Schals und Schuhe sammelt, ist eine Fundgrube für jedes Kind. Vielleicht gibt es dazu eine Schachtel mit ausrangierten Schminkutensilien, so dass man seine Verkleidung noch perfektionieren kann. Ein großer Spiegel ist wichtig, damit man sich auch gebührend bewundern kann und ein Fotoapparat ist ebenfalls wichtig, damit man dieses tolle, lustige Ereignis für immer festhalten kann.

Der Speicher meiner Oma …

… ist nicht nur eine Fundgrube für die allertollsten Dinge wie Federboas, Uralt-Skistiefel, Ansichtskarten, Bücher, ausrangierte Spielsachen von Mama oder Papa, er ist ein Abenteuerspielplatz, eine Bühne, eine Schatzhöhle und kann an einem verregneten Tag der spannendste Ort der Welt sein.

Die Papiertütensammlung

Sammeln Sie jede Bäckertüte! Für wütende, frustrierte oder anderweitig geplagte Kinder ist es ein tolles Vergnügen, die Tüten aufzublasen und mit einem wonnevollen Schlag platzen zu lassen. Ach, da fühlt man sich doch gleich besser!

Weich wie Omas Ball

Kleine Kinder fürchten sich oft vor dem schnellen und harten Ball. Ersetzen Sie den Ball durch ein kleines Kissen. Das Spielen macht genauso viel Spaß und die Enkel lernen das Werfen und Fangen auf sanfte Art viel schneller als mit einem gewöhnlichen Ball. Zum Kullern kann man ein Wollknäuel benutzen.

Oma hat tolle Ideen

Großmütter sind kreativ, auch und gerade im Umgang mit ihren Enkelkindern. Sie zaubern gute Spiele aus dem Hut, ahnen treffsicher voraus, womit sich ihre Enkelkinder gerne beschäftigen und wissen, was das Gemeinschaftsgefühl stärkt, was Nähe und Vertrautheit schafft.

> *Gute Einfälle sind Geschenke des Glücks.*
> Gotthold Ephraim Lessing

Besuch bei den Großeltern

Toll, wenn man endlich mal wieder die Großeltern besuchen darf. Dass die sich auch auf den kleinen Besucher gefreut haben, ist offensichtlich: Ein Banner mit den Worten: »Herzlich Willkommen, Timo« hängt am Gartenzaun, die Besucherflagge ist gehisst und sogar Bello trägt an diesem besonderen Tag eine dicke, rote Schleife am Halsband!

Geheimnis!

Oma und Enkelkind tun sich zusammen und hecken einen Plan für ein Überraschungsabendessen mit der ganzen Familie aus! Da wird getuschelt und gewerkelt und schließlich darf das Kind die Überraschung verkünden: »Wir essen heute in Omas Schrebergarten!«

Und siehe da, hier haben schon die Heinzelmännchen den Tisch gedeckt! An Bäumen und Büschen hängen Lampions und es ist Ehrensache, dass das fleißige Kind heute diese Lichter (mit Oma als Bodyguard) anzünden darf.

VIP – Parkplatz

Was für ein tolles Gefühl für ein Kind, wenn es bei den Großeltern einen eigenen, reservierten Parkplatz für sein Dreirad, Fahrrad, Gokart besitzt! Der Parkplatz wird in der Garage oder auf dem Asphalt vor dem Haus mit weißem Klebeband markiert. Wer will, kann den Namen des Kindes oder seine Initialen mit weißem Klebeband, Kreide oder Farbe in den Parkplatz schreiben.

Musterkämme

Ein Stück Pappe wird in Streifen von etwa 15 Zentimeter Länge und 10 Zentimeter Breite geschnitten. Dann nimmt man sich eine Längskante vor und schneidet ein grobes Zinken- oder Wellenmuster hinein. Jeder Kamm sollte ein anderes Kantenprofil bekommen. Mit diesen Kämmen können die Kinder tolle Muster in den Sand des Sandkastens oder in ein frisch umgegrabenes Gartenbeet kämmen.

Neue Kleider braucht das Volk!

Niemand hat so viel Verständnis für die Bedürfnisse von modebewussten Puppenkindern und Teddybären wie die Oma, und niemand hat so viel Geduld, entsprechende Stoff- oder Wollreste und Zeit, wie eben diese vielgeliebte Person.
Genau viermal im Jahr, immer zu Beginn einer neuen Jahreszeit sind ihre Talente besonders gefragt. Der Teddy braucht einen dicken Winterpullover, das Kuschelschwein will eine Badehose und Puppenfräulein Marie bekommt, wie gewünscht, geflochtene Strohsandalen.
Tipp: Neues, silbernes Puppengeschirr kann man blitzschnell aus Resten von Alufolie basteln!

Das Geburtstagspaket

Wer den Geburtstag des Enkelkindes nicht mitfeiern kann, wird vermutlich das Geburtstagsgeschenk für das Enkelkind per Post schicken. Außer dem Geschenk könnte dieses Paket aber noch weit mehr enthalten, zum Beispiel:
Luftballons in allen erdenklichen Farben und Formen, Luftschlangen, Knallerbsen, Anregungen für Kinderpartyspiele, Popcorn, Geburtstagskerzen, lustige bunte Servietten, Pappteller und Becher, Girlanden zum Dekorieren der Wohnung und ein Einmal-Fotoapparat, mit der Bitte, Geburtstagsfotos zu knipsen und die Kamera zur Absenderin zurückzuschicken.

Geburtstags-Shopping

Größere Kinder und Teenager lieben es, wenn sie mit Oma und Opa zum Geburtstags-Shopping gehen dürfen. Da besucht man dann all die wundervollen Spielwarenläden, Kaufhäuser, Klamottengeschäfte und Computerabteilungen diverser Kaufhäuser, vergleicht Preise, probiert und verwirft und entscheidet sich dann schließlich für das ultimative Mega-Geschenk. Ein Besuch in einer Eisdiele oder in einem Schnellrestaurant rundet den erlebnisreichen Tag mit vielen neuen Eindrücken und Erfahrungen (für die Großeltern) ab.

Ein Geschenk fürs ganze Jahr

Wer noch ein sinnvolles Geschenk für das Enkelkind sucht, denke an ein Abonnement einer Kinderzeitschrift, wie »Geolino«, »Treff« oder eine Zeitschrift, die sich speziell an ein Hobby des Kindes richtet. So gibt es eine Reihe von Tierzeitschriften, Sportillustrierten und Lesestoff für Computerfreaks. Auf diese Weise freut sich das Kind gleich zwölfmal im neuen Lebensjahr.

Puppenessen

Kinder lieben alles Kleine und finden es niedlich, wenn Getränke in Miniaturbechern serviert werden (Eierbechern, Kappen von Hustensaftflaschen). Sie haben weit mehr Appetit, wenn auch das Essen in kleinen Häppchen serviert wird, die sie leicht vertilgen können und eventuell sogar noch mehrere »Nachschläge« wollen. Wer einen Riesenberg Nudeln serviert bekommt, der ist meist vom Anblick schon satt. Wer dagegen eine Zwergenportion auf seinem Teller sieht, hat Spaß daran, sie aufzuessen und will gleich noch so eine.
Tipp: Auch Gemüse schmeckt gleich viel besser, wenn man der Speise einen abenteuerlichen Namen verleiht. »Brokkoli« könnte man in »Piratenpalmen« umtaufen und Kartoffelbrei kommt vielleicht als »Chinesisches Schneewölkchen« auf den Teller.
Extratipp: Ein Puppenkochbuch ist ein super Geschenk für Kinder! Schreiben Sie Minirezepte für Pudding, Schokokuchen, Schinkennudeln und dergleichen in ein kleines Heft. Basteln Sie einen lustigen, bunten Einband dafür und liefern Sie ggf. noch ein paar Probepäckchen für Griesbrei, Gemüsesuppe etc. mit.

Altpapier

Altpapier verrottet nicht nur besser, wenn es in kleine Stücke gerissen wird, diese Aufgabe hilft wütenden kleinen Kindern ganz prima beim Abreagieren. Natürlich kann man das Papier auch zu Bällen knüllen und diese dann noch voller Wucht gegen die Wand donnern. Klar, dass Oma nicht verrät, warum sie ihrem Enkel diese wichtige Papierarbeit übertragen hat! Nach getaner Tat werden die Schnipsel entweder auf den Komposthaufen getragen oder in den Papiercontainer gesteckt und Oma hat wieder einmal zwei Fliegen mit einer Klappe geschlagen!

Zwei, die zusammenpassen

Wer schnell eine sichere, ungefährliche und trotzdem interessante Aufgabe für sein Enkelkind braucht, lässt es immer zwei Dinge finden, die zusammengehören, zum Beispiel:

- Schraubgläser und deren Deckel;
- Schloss oder Schlösser und unzählige Schlüssel;
- Zwei gleiche Knöpfe aus der Knopfsammelschachtel;
- Zwei gleiche Bilder eines »Memory« – Spiels;
- Filzstifte und deren Kappen;
- Immer zwei gleiche Karten aus zwei zusammengemischten Kartenspielen;
- Zwei zusammengehörende Socken aus einer Wanne voll partnersuchender Socken-Singles.

Spaß in Schachteln

Schachteln jeder Größe sind für Kinder Anreiz ihrer Fantasie und Kreativität. Darum: Schachteln nicht wegwerfen, sondern für den nächsten Besuch der Enkelkinder aufheben.
Kleine Schachteln können zu einem Schachtelturm, einem Schachtelschloss oder zu Schachtelhausen aneinander geklebt und bemalt werden.
Größere Schachteln, in die man die Füße stecken kann, regen an zu einem Schachtelschuhwettrennen und ganz große Schachteln verwandeln sich auf magische Weise in Autos, Raketen, Kinderhäuser, Kriechtunnels, Möbel fürs Kinderzimmer und vieles mehr.

Ein Topf ist ein Topf

Für Menschen ohne Fantasie ist das so. Aber für alle anderen könnte der Topf eine Badewanne für Puppen sein, ein Planschbecken für Zwerge oder eine Waschschüssel. Umgedreht könnte

er der Hut eines Schneemannes werden, ein Ersatzhocker oder eine Ausstechform für Riesenkekse ...
Wozu kann man dann ein Telefonbuch, einen Knopf, einen Socken, ein altes Auto ... benutzen?
Je länger man spielt, umso fantasievoller werden die Lösungen. Ein interessanter Zeitvertreib für unterwegs oder während langweiliger Wartezeiten.

Kullerball

Kinder im Krabbelalter können gar nicht genug davon bekommen, wenn man ihnen einen Ball zukullert. Immer und immer wieder. Überraschung kommt ins Spiel, wenn da plötzlich ein anderer, merkwürdiger Gegenstand herbeikullert, eine Orange vielleicht oder ein Wollknäuel, ein geknüllter Zeitungspapierball, ein Schneeball, ein Apfel oder ein leicht aufgeblasener Luftballon, in den man zuvor einen Tischtennisball gesteckt hat.

Die Spielzeugkiste

Eine Werkzeugkiste, wie man sie im Baumarkt kaufen kann, eignet sich sehr gut als Spielzeugkiste, besonders, wenn sie bunt ist und über viele kleine Einzelfächer verfügt, in denen das Kind Legosteine, Holzperlen, Puppenschuhe usw. unterbringen kann.

Der Multistift

Keine Lust zum Malen? Das ist genau der richtige Zeitpunkt, um Multistift ans Licht der Kinderzimmerwelt zu befördern! Zwei, drei oder noch viel mehr Buntstifte werden mit Tesafilm fest nebeneinander geklebt und schon ist er einsatzbereit für tolle regenbogenbunte Krickel-Wellen-Schlingenbilder.

Oma hat Zeit für mich

Oma kocht und backt für mich

Liebe geht durch den Magen – bei Enkelkindern besonders. Oma kocht ganz anders als Mama und Papa kochen. Gerade das kann der besondere Reiz an der Sache sein.

> *Man muss der Zeit Zeit lassen.*
> Angelo Giuseppe Roncalli

Apfelauflauf

2 altbackene Vollkornbrötchen,
Saft einer halben Zitrone,
25 g ungeschwefelte Rosinen,
3 nicht zu große Äpfel,
2 Eier,
3 El. Honig,
¼ Liter Milch,
etwas Butter

Das Brötchen in dünne Schnitzel schneiden und in heißer Milch quellen lassen, dann ausdrücken. Rosinen in Zitronensaft legen. Die Äpfel schälen, entkernen und in Scheiben schneiden. Eier und Honig mit den aufgeweichten Brötchen verrühren.

Den Teig in eine ausgebutterte Form geben, die Äpfel auf den Teig schichten und die Rosinen über die Äpfel streuen. Den Auflauf bei mittlerer Hitze im Ofen backen, bis die Oberfläche goldbraun ist.

Bratäpfel

2 Äpfel,
Rosinen,
Marmelade,
einige Haselnusskerne,
Zitronensaft,
etwas Butter

Die Äpfel gründlich waschen und das Kerngehäuse ausstechen. Mit Rosinen und Nüssen füllen und etwas Zitronensaft dazu geben, dann auf einem mit Butter bestrichenen Blech in den Ofen schieben und bei mittlerer Hitze braten lassen, bis sie beginnen, weich zu werden.

Apfelringe

2 bis 3 Äpfel,
1 Zitrone,
1 EL Honig,
¼ Sahne,
1 EL gehackte Mandeln

Die Äpfel schälen, die Kerngehäuse entfernen und in Ringe schneiden. Den Zitronensaft mit einem Schuss Wasser in einen Topf geben und erhitzen. Die Apfelscheiben dazu geben und ein paar Minuten lang dünsten. Die Apfelringe mit einem Kochlöffelstiel aus dem Topf fischen, auf einen Teller legen und flüssige oder geschlagene Sahne und Mandeln darüber geben.

Himbeerwackelpudding

¼ Liter Himbeersaft,
25 g Stärkemehl,
½ Paket tiefgefrorene Himbeeren
1 EL Honig

Mit der Hälfte des Saftes das Stärkemehl anrühren, die andere Hälfte des Saftes in einen Topf geben und zum Kochen bringen. Das angerührte Stärkemehl in den Topf geben und unter Rühren aufkochen lassen. Eine Puddingschüssel mit kaltem Wasser ausspülen, die entstandene Puddingmasse in die Schüssel geben und in den Kühlschrank stellen. Den Pudding stürzen, wenn er kalt ist und mit den aufgetauten Himbeeren garnieren.

Omas Pfannkuchen

Omas machen sowieso die besten Pfannkuchen der Welt, das ist unbestritten. Noch viel spannender ist das Pfannkuchenvergnügen, wenn man aus dem Teig, je nach Wunsch des Enkelkindes, Autos bäckt oder Blumen, ein Herz, einen Buchstaben oder eine Zahl. Dazu wird der flüssige Pfannkuchenteig in eine Spritzflasche gefüllt und so, in dünnem Strahl ins heiße Fett gegossen. Mit Puderzucker bestäubt oder mit Marmelade bestrichen ein Hochgenuss! Und wer kann schon ohne zu flunkern behaupten, einen Elefanten gegessen zu haben!

Bananenauflauf

6 Scheiben Vollkornzwieback,
¼ Liter Milch,
1 Ei,
125 g Quark,
1 EL Honig,
2 süße Apfelsinen (oder eine Dose Mandarinen),
1 große Banane,
etwas Butter

Die Zwiebäcke in eine ausgebutterte Auflaufform legen. Die Apfelsine schälen, in Spalten zerteilen und auf die Zwiebäcke legen. Die Milch, die Banane, das Eigelb und den Quark mit dem Handrührgerät pürieren und die Quarkmasse dann über die Zwiebäcke und die Apfelsinen in der Form geben. Den Auflauf etwa 30 Minuten im Ofen bei 220 °C backen. Inzwischen Eiweiß und Honig steif schlagen, über die vorgebackene Masse geben und die Auflaufform noch einmal für zehn Minuten in den Ofen schieben.

Fahnenkuchen

Sie backen einen Kuchen und verzieren den Kuchen mit zehn Fähnchen.

Für die Fähnchen brauchen Sie: Zahnstocher, Papier, Stifte, Schere und Klebstoff. Aus dem Papier schneiden Sie viele kleine Rechtecke, Format etwa 5 x 3 cm.

Aus den Rechtecken machen Sie Gutscheine: Sie schreiben zehn Versprechen auf – zum Beispiel: 1x Zoo. 1x Eisessen. 1x Kreuzworträtseln.

Dann kleben Sie die zehn Gutscheine an zehn Zahnstocher, stecken die Fähnchen in den Kuchen, verschenken den Kuchen an Ihr Enkelkind, das die Gutscheine nach und nach einlösen darf.

Kirschpudding

250 g Sauerkirschen,
40 g Butter,
3 EL Honig,
½ TL Zimt,
3 Eier,
50 g geriebener Zwieback

Eiweiß und Eigelb trennen. Butter und Honig schaumig rühren. Das Eiweiß steif schlagen und zusammen mit dem geriebenen Zwieback und den Kirschen unter die Butter-Honig-Masse ziehen. Den Pudding in eine Schale geben und im Wasserbad kühlen. Zimt darüber geben.

Pfirsichreis

4 halbe Pfirsiche,
¼ Liter Milch,
50 g Rundkornreis,
2 EL brauner Zucker,
½ Becher süße Sahne,
½ Vanilleschote

Die Milch erhitzen. Reis, Zucker und Vanilleschote in die erhitzte Milch geben. Den Reis etwa zwanzig bis dreißig Minuten lang in der Milch köcheln lassen, bis er weich ist. Die Sahne schlagen, die Pfirsiche klein schneiden und unter den Reis heben.

Glückskirschen

Sie rühren Kuchenteig und verstecken ein paar entkernte Kirschen in dem Teig. Wer eine Kirsche findet, darf sie bei den Großeltern gegen ein Minigeschenk eintauschen.

Oma ist geschickt

Oma und Opa haben Zeit, sich ihre eigenen Gedanken zu machen, eigene Ideen zu entwickeln. Jedes Kind kann von ihnen eine Menge lernen. Begeistert schaut es zu, wenn Oma am Tisch werkelt und ihrem Enkelkind zeigt, wie aus ein paar Stofflappen eine Jacke für den Teddy wird oder wenn Opa im Keller ein Radio repariert. Mitunter schaut der Enkel nicht nur zu, sondern arbeitet mit.
Beim Werkeln und Basteln bietet sich häufig ganz nebenbei auch die Gelegenheit, in Ruhe miteinander zu reden. Zusammen basteln bedeutet dazu: »Wir sind eine Arbeitsgemeinschaft. Wir entwickeln zusammen Ideen, lösen zusammen Probleme und bringen zusammen etwas zustande!«

> *Mehr Dinge hat Geschick durchgesetzt als Gewalt, und öfter haben die Klugen die Tapferen besiegt als umgekehrt.*
> BALTASAR GRACIAN Y MORALES

Das Oma-Opa-Lotto

Sie fertigen zusammen mit Ihrem Enkelkind ein Lottospiel:

- Sie schneiden zehn etwa 10 x 10 große und zehn 5 x 5 große Karten aus Pappe.
- Dann zeichnen Sie zehn verschiedene Symbole auf Papier, jedes Symbol zweimal: zwei Hasen, zwei Blumen, zwei Häuschen, zwei Bäume – bis Sie zwanzig Bildchen gezeichnet haben.
- Danach schneiden Sie die Bildchen aus und kleben jedes Symbol einmal auf eine kleine und einmal auf eine große Karte aus Pappe.

Zur Vorbereitung des Lottospiels breiten Sie die großen Karten auf dem Tisch aus. Auf jede Karte legen Sie einen anderen Gewinn; mal ein Bonbon, mal einen Keks, mal ein Stückchen Schokolade. Die kleinen Karten legen Sie verdeckt und gestapelt mitten auf den Tisch.
Das Spiel: Zwei oder mehr können mitmachen. Der jüngste Spieler nimmt die erste Karte vom Stapel, dreht sie um, sucht das entsprechende Symbol auf den großen Karten und darf das einsammeln, was darauf liegt. Dann ist der nächste an der Reihe.

Korkschiffe

Sie brauchen einen Korken, ein Stück weißen Karton, ein kleines, scharfes Messer, eine Schere und ein paar Buntstifte. Die Bastelanleitung: Den Korken der Länge nach mit dem Messer halbieren. Aus den Korken zwei Segelschiffe bauen:
Ein korkenlanges Dreieck aus dem Karton schneiden und mit den Stiften bunte Kreise darauf malen. Dann in die Flachseiten des Korken der Länge nach einen Schlitz schneiden. Das Dreieck als Segel in den Schlitz stecken.

Fingerpuppen

Sie schneiden aus bunten Tonpapieren fünf verschiedene daumenlange und daumenbreite Gesichter aus. Gesichter mit langen Hälsen, mit eindrucksvollen Profilen samt spitzer oder knubbeliger Nasen, immer mit ausgeprägtem Kinn und seltsamer Stirn. Unter dem Hals lassen Sie bei jeder Figur einen Querstreifen stehen. Aus diesen Streifen rollen und kleben Sie dann Fingerringe.
Spiele mit den Fingerpuppen: Sie setzen zwei oder drei Fingerpuppen auf Zeige- oder Ringfinger oder Daumen, verstecken sich hinter einem Tisch und lassen die Fingerpuppen dann an der Tischkante Theater machen: Die Fingerpuppen reden miteinan-

der und zappeln herum. Nach einer Weile tauschen Sie mit Ihrem Enkelkind die Rolle.

Goldtruhe

Eine Schatztruhe für Ihr Enkelkind: Bekleben Sie einen nicht zu großen Karton mit Goldpapier oder kostbarem Geschenkpapier. In die Schatztruhe legen Sie verschiedene Süßigkeiten. Kommt Ihr Enkelkind zu Besuch, dann geben Sie die Truhe zur Selbstbedienung frei. Ist die Truhe leer, wird sie nicht umgehend wieder aufgefüllt, sondern nach einem bestimmten Rhythmus: Gibt es schon am kommenden Tag Nachschub oder erst ein paar Tage später?

Ein Bett für den Teddy

Aus einem Schuhkarton wird ein Bett (Deckel zur Seite legen): Sie schneiden in die vier Seiten des Kartons vier große Fenster, die jeweils fast bis zum Boden reichen. Dann legen Sie einen Streifen dünnen, möglichst lichtdurchlässigen Stoff, so breit wie die Schachtel und doppelt so lang, über den Karton und polstern das »Bett« mit Stoffresten aus. Fertig ist ein Himmelbett, in dem Ihr Enkelkind einen kleinen Teddy zum Schlafen legen kann.

Münzenrutsche

Für diese Bastelei brauchen Sie einen Schuhkartondeckel. Auf den Deckel malen Sie mit dicken Filzstiften Feld, Wald und Wiese und führen dann eine kurvenreiche Strecke mitten durch diese Landschaft – einen Weg, der etwas breiter ist als eine beliebige Münze.

Anschließend wird mit dem Bild gespielt: Sie legen die Münze auf den Startpunkt der Strecke, nehmen den Deckel dann in beide Hände, kippeln ihn vorsichtig hin und her und versuchen, den Pfennig auf diese Weise über die Strecke rutschen zu lassen vom

Start bis zum Ziel. Er soll möglichst nicht von der Strecke abkommen. Danach ist Ihr Enkelkind an der Reihe. Wer ist geschickter?

Klunker am Ohr

Aus Knöpfen werden Ohrringe: Sie brauchen acht Knöpfe, egal wie groß, egal wie unterschiedlich und dazu zwei etwa 20 cm lange, etwas dickere Fäden.
Sie fädeln vier Knöpfe auf den ersten Faden, knoten zwei Knöpfe an das eine Ende und zwei an das andere Ende des Fadens. Dann fädeln Sie vier Knöpfe auf den zweiten Faden.
Danach hängen Sie Ihrem Enkelkind die Ohrgehänge wie Zwillingskirschen über die Ohren: ein Gehänge pro Ohr.

Herbstketten

Sie sammeln auf einem Herbstspaziergang Bucheckern, Eicheln, Hagebutten und stellen daraus mit Ihrem Enkelkind Ketten, Armbänder und Kränze her. Wenn sie noch einigermaßen frisch sind, kann man die Früchte mit einer dicken Nadel durchstechen. Zum Auffädeln brauchen Sie einen dicken Zwirnsfaden.
Im Frühling sammeln Sie Blüten, im Sommer Blätter.

Flaschengeist

Eine leere Bierflasche wird von Ihnen in einen Geist verwandelt: Auf einen Bogen Schreibpapier ein Monster mit Zottelhaaren und Vampirzähnen malen. Das Untier ausschneiden und auf eine leere Flasche kleben. Das Flaschenmonster kann jaulen und jammern wie ein echtes Gespenst. Und so bringen Sie es dazu: Sie stecken einen Strohhalm in die Flasche und stellen die Flasche dann in den Wind. Der Wind fängt sich dann in der Flasche, tönt und heult. Wer nahe an die Flasche herangeht, kann das Getöse wahrnehmen.

Fangenspiel im Stehen

Ein Spiel für draußen, wenn es schon dunkel ist. Sie brauchen zwei Taschenlampen.

Das Spiel: Sie stehen ein paar Schritte voneinander entfernt. Ihr Enkelkind leuchtet die Umgebung mit seiner Taschenlampe ab. Dann knipsen Sie Ihre Lampe an, verfolgen den Lichtschein, versuchen ihn einzufangen mit dem Schein, den Ihre Lampe abgibt. Wenn es gelingt, das Licht zu fangen, werden die Rollen getauscht.

Omas Reparaturwerkstatt

Intelligente Kinder sind neugierig und neugierige Kinder geben sich oft nicht damit zufrieden, nur die Funktion eines Gegenstandes zu kennen, sie wollen mehr wissen, wollen hinter das Geheimnis der Funktion kommen: »Warum funktioniert das Ding so oder so?« Wer ein bisschen Platz in der Garage, im Keller oder Gartenhaus hat, der richte dort eine Reparaturwerkstatt für Enkelkinder ein. Natürlich müssen die Handwerker mit entsprechendem Werkzeug ausgestattet werden. Außerdem liefern Sie einige kaputte Dinge, wie Uhren, Radios, Telefone zum Zerlegen. Das »Reparieren« sollte aber unbedingt unter Aufsicht der Großeltern stattfinden, denn manchmal kommen gerade im Inneren der Gegenstände spitze oder scharfkantige Teilchen hervor, an denen sich ein kleines Kind verletzen könnte.

Tipps:

- Mädchen nehmen leidenschaftlich gerne Uhren unter die »Lupe«.
- Kindergartenkinder reagieren aufgestaute Wut und Bewegungsdrang prima mit einem Nagelbrett ab, in das sie viele dicke Nägel schlagen dürfen. In Spielzeugläden gibt es solche ungefährlichen Nagelbänkchen zu kaufen.

Oma nimmt sich Zeit

Oma ist etwas Besonderes. Was haben Großmütter, auch Großväter, was Müttern und Vätern fehlt? Sie haben mehr Zeit, auch wenn sie selbst noch berufstätig, noch sehr aktiv sind. Ihr Leben läuft einfach in ruhigeren Bahnen als der Alltag junger Eltern, die nebenher noch Kind und Kegel zu versorgen haben. Mütter und Väter sind oft aus der Puste, hetzen von einem Termin zum nächsten, erst recht, wenn beide berufstätig sind. Muße, um sich ganz auf ein Kind einzustellen, bleibt da wenig. Hier können Großeltern ein Gegengewicht setzen.

Kraft macht keinen Lärm, sie ist da und wirkt.
ALBERT SCHWEITZER

Über Feld-, Wald- und Wiesenblumen

Ein Spiel, das sich über Tage hinzieht und deshalb Durchhaltevermögen erfordert – ein Frühlings- oder Sommervergnügen. Oma oder Opa macht mit dem Enkelkind eine Wanderung durch die Natur. Die beiden bringen viele Blumen mit nach Hause. Mit Hilfe eines Buches werden die Namen der Pflanzen bestimmt. Anschließend kommen sie in ein dickes Buch, zwischen zwei Löschblätter gepackt. Nach ein paar Tagen werden die getrockneten, gepressten Blumen mit Klebeband in einem Extraheft befestigt und beschriftet.

Schatzsuche

Während eines Spaziergangs verstecken Sie eine buntbeklebte kleine Schachtel. Findet das Kind die Schachtel, muss es sie bei

Ihnen abliefern. Und Sie verstecken die Schachtel – unbemerkt von dem Kind – nach ein paar Minuten Pause noch einmal. Das Ganze wiederholt sich und erst nach fünfmaligem Verstecken und Wiederfinden darf die Schachtel geöffnet werden.

Trapper im Walde

Sie zeigen Ihrem Enkelkind, wie es mit Hilfe von ganz bestimmten Zeichen im Wald und auf dem Feld die Himmelsrichtungen bestimmen kann:

- Bäume, Schuppen, Zaunpfähle sind auf der Seite, die nach Westen oder Nordwesten weist, häufig bemoost oder mit Flechten überzogen oder ausgewaschen und ausgebleicht, weil sie hier Wind und Wetter in besonderer Weise ausgesetzt sind.
- Ameisenhaufen sind immer an der Südseite von Büschen und Bäumen zu finden.

Mit der Lupe unterwegs

Ein Sommerspiel, wenn's warm ist. Oma und Enkel liegen bäuchlings nebeneinander im Gras und schauen durch zwei Lupen an, was sich zwischen den Halmen im Gras tut. Oder sie heben während eines Spaziergangs Steine hoch und studieren das Leben unter dem Stein. Oder unter Baumrinde. Oder zwischen Baumwurzeln. Eine Beschäftigung, die Ausdauer und Geduld verlangt.

Der Wetterkalender

Ein Spiel, das sich über eine Woche hinzieht. Jeden Tag um dieselbe Stunde wird der Himmel beobachtet: bewölkt oder wolkenfrei? Wenn Wolken: welche Wolken? Oder wenn es regnet: Gießt und pladdert es oder ist eher Nieselregen angesagt? Genau Buch darüber führen: In ein Heft das Wetter einzeichnen, das sich am Himmel abzeichnet und jeweils das Datum dazu schreiben.

Im Zoo die Tiere besuchen

Für einen Zoobesuch, wie er eigentlich sein sollte, haben gehetzte Erwachsene oft keine Zeit, denn durch einen Zoo darf man nicht eilen und hasten, sondern durch einen Zoo sollte man gemächlich schlendern – am besten stundenlang langsam von einem Tierhaus zum anderen wandern.

Geübte Oma-und-Enkel-Paare wissen, wie das geht: Man bleibt eine ganze Weile vor den Scheiben oder Käfigstangen stehen, wartet mit einer Engelsgeduld, bis die Pinguine wieder ins Wasser steigen oder die Eisbären aus dem Wasser kommen. Oder bis der alte, größte Elefant aus der Herde endlich um die Ecke biegt oder sich der Löwe in seiner ganzen Pracht zeigt.

In aller Ruhe zu Ende spielen

Mit Eltern spielt man schnell mal zwischendurch, so die Erfahrung vieler Kinder. Bei ihnen ist bald wieder Schluss mit dem Vergnügen, sie beenden das gemeinsame Spiel: »Jetzt reicht es. Nun muss ich wieder mein eigenes Ding machen! Spiel alleine weiter ...«

Genau das sagen Großeltern so gut wie nie, denn sie müssen nicht gleich wieder ihr eigenes Ding machen, sondern können sich in Ruhe auf das Spielen mit ihrem Enkel einlassen. Spielen Kaufladen. Spielen Bauernhof. Spielen Doktor.

Sie lassen ihr Enkelkind nicht nur bestimmen, wie das Spiel läuft, sondern auch wann es ein Ende hat. Dieser kleine, aber feine Akzent ist jedem Kind wichtig. Das zeigt, die Großeltern stellen sich auf seine Belange ein. Es darf selbst bestimmen, wie das Spiel läuft. Und deshalb heißt es: »Mit Oma und Opa kann ich gut spielen!«

Durch Geschäfte trödeln

Hier mal gucken, dort mal gucken – mit Oma in die Stadt gehen ist schon deshalb ein Vergnügen, weil sie sich Zeit zum Gucken nimmt. Das kommt einem Kind, das noch nicht mit Blick auf die Uhr lebt, sehr entgegen, denn es gibt in jedem Laden eine Menge Interessantes zu sehen – im Supermarkt zum Beispiel:

- einen riesigen Turm aus Tomatendosen. »Ob der Turm hält?« »Wie haben sie die Dosen aufgeschichtet?«
- eine Theke, hinter der ganz verschiedene Fische auf Eis liegen. »Hast du dahinten den großen rosa Fisch gesehen?« »Welche Fische kennst du?« »Weißt du, ob ein Forelle im Meer lebt oder in einem Bach?«
- ein Regal mit Joghurtbechern, Milchtüten, Quarktöpfen. »Welche Früchte sind auf dem Joghurtbecher abgebildet?« »Warum gibt es Milch in der Flasche und Milch in der Tüte?«

Es macht Freude, mit der Oma seelenruhig durch ein Geschäft zu schlendern und mit ihr das anzuschauen, das zu besprechen, was es überall zu sehen gibt – ganz ohne Kaufzwang.

Verwöhnen ja – vor allem mit viel Zeit

Natürlich sind Kinder darauf aus, ein Eis oder anderes beim Einkaufen abzustauben. Und Großmütter gehen vielleicht eher auf die Wünsche des Nachwuchses ein als seine Eltern. Aber grundsätzlich sollte auch für Großeltern gelten: Das Enkelkind bitte nicht zu üppig mit Geschenken überhäufen, nicht zu intensiv verwöhnen. Wenn schon Verwöhnung, dann eher mit gemeinsamem Spielen verwöhnen, mit Gesprächen, mit gemeinsamen Unternehmungen. Wenn Großeltern sich Zeit für ihre Enkel nehmen, ist das ein besonders kostbares Geschenk. Natürlich kaufen sie trotzdem schneller mal ein Eis oder greifen außer der Reihe mal in ihren Geldbeutel.

Andere Leute, andere Stadtviertel

Ein Ziel, das sich viele Omas und Opas setzen: Der Enkel soll mit ihrer Hilfe die Umgebung, in der er lebt, richtig kennen lernen: Das Viertel, in dem er oder in dem seine Großeltern leben, das Dorf oder die Stadt, oder die nähere Umgebung des Ortes. So könnten Oma und Enkel nachmittags um die Häuser streifen, die Enten im Park besuchen und die Schaufenster ganz verschiedener Geschäfte anschauen oder eine Kirche von innen betrachten. Dabei spielen sie eines ihrer Lieblingsspiele: »Was hat sich seit unserem letzten Gang verändert?« Steht in der Nähe des Parkplatzes ein neuer Parkautomat? Sind vor der Eisdiele neue Stühle und Tische aufgestellt?
Manchmal erkunden sie bei gemeinsamen Autoausflügen auch die weitere Umgebung und schauen genau hin: »Wo jetzt ein Gewerbegebiet entsteht, war früher ein Bauernhof!« »Wo heute ein Wartehäuschen für den Bus steht, gab es vor ein paar Monaten noch einen Kiosk!«

Großes Aufräumen

Omas haben Kisten und Kästen und darin wunderbare Schätze: alte Briefe, alte Kochrezepte, alte Fotos und Ansichtskarten, verknitterte Quittungen und zerfledderte Umschläge. Nichts schöner als neben der Großmutter zu sitzen, wenn sie sich solch eine Kiste vorknöpft und sie ausmisten will. Das muss nicht hopplahopp nebenbei passieren, sondern geht in aller Ruhe vonstatten. Stück für Stück wird gründlich betrachtet, besprochen, ausrangiert, wenn's sein muss. Für ein Kind tun sich dabei Welten auf: »Wieso warst du mit dem Opa in diesem Restaurant?« »Wer hat dir diese Ansichtskarte geschrieben?« Oder: »Warum hast du diese Quittung aufbewahrt?«

Oma ist kein bisschen alt

Oma ist clever

Die Omas registrieren, wie aufnahmefähig und wissbegierig ihre Enkelkinder sind. Diese Neugier will befriedigt werden. Ein nicht unwichtiger Nebeneffekt: Sie freuen sich, wenn sie merken, wie fit sie selbst noch im Kopfe sind. Noch eins: Das Training ist nicht nur für das Köpfchen Ihres Enkels Gold wert, sondern auch gut für Ihren Geist.

> *Lebensklugheit bedeutet: alle Dinge möglichst wichtig, aber keines völlig ernst nehmen.*
> ARTHUR SCHNITZLER

Es blitzt und donnert

Ein Gewitter, das sich genau über dem eigenen Haus auszutoben scheint, wenn's kracht und blitzt und wie aus Kübeln gießt, diese Zeit kann man wunderbar genießen, wenn man eng zusammengekuschelt im Trockenen sitzt. Jetzt ist auch der geeignete Moment, um von der Entstehung eines Gewitters zu sprechen und die Sekunden zwischen Blitz und Donner zu zählen. Je kürzer die Zeit zwischen Blitz und Donner, desto näher das Gewitter. Schall braucht pro Kilometer etwa drei Sekunden. Wenn man also die Sekunden zwischen Blitz und Donner zählt und das Ergebnis durch drei teilt, weiß man, wie viele Kilometer das Gewitter ungefähr entfernt ist.

Uhr als Kompass

Wer keinen Kompass dabei hat, kann die Himmelsrichtung bei Sonnenwetter mit Hilfe einer Armbanduhr bestimmen: Sie richten den Stundenzeiger zur Sonne, halbieren den Winkel, der sich bis zum Zwölfuhrstand ergibt. Diese Halbierungslinie weist gen Süden: vormittags links vom Zwölfuhrstand, nachmittags rechts vom Zwölfuhrstand.

Jung und tatendurstig

Oma und Opa heute: eine erstaunlich unternehmungslustige, jung gebliebene Generation, meistens keine Spur von müde und matt. Die Senioren verschlafen ihren Ruhestand nicht auf dem Sofa, sondern sind unterwegs. Von ihrem Tatendrang kann sich mancher Enkel eine Scheibe abschneiden. Gut gelaunt versuchen sie ihre Enkelkinder auf Trab zu bringen:

- »Wer kommt mit ins Museum?«
- »Kommst du mit in die Stadtbibliothek?«
- »Wollen wir in der Buchhandlung reinschauen?«
- »Heute Abend ist in der Kirche ein Konzert, kommst du mit?«
- »Im Kino läuft ein besonderer Film, der mich interessiert. Magst du ihn mit mir anschauen?«
- »Ich lade dich ein, mit mir in die Sowieso-Ausstellung zu gehen und hinterher essen wir ein Eis!«

Die Landkarte

Kartenlesen ist eine ganz wichtige Fähigkeit, die schon Grundschulkinder spielerisch lernen können.
Zuerst wird eine Landkarte vom Kinderzimmer gemalt. Wir stellen uns vor, von der Zimmerdecke hinunterzublicken, und zeichnen Schritt für Schritt einen groben Plan. Wichtig: Benutzen Sie Farbstifte! Ist der Teppich vor dem Bett rosa, so malen Sie ihn ebenfalls rosa in die Karte ein. Das erleichtert das Zurechtfinden auf der Karte. Dann wird gespielt!

Die Gummibärchensuche: Während das Kind die Augen schließt, wird ein Gummibär im Raum versteckt. Dann zeigt man dem Kind das Versteck auf der Landkarte. Wetten, es findet das Gummibärchen?

Und so geht es weiter:

- Fertigen Sie mit dem Kind zusammen »Landkarten« von allen Räumen an!
- Zeichnen Sie eine »Landkarte« von Ihrem Haus.
- Vor dem nächsten Besuch im Zoo, in der Bücherei ... malen Sie eine Landkarte mit wichtigen, für das Kind deutlich erkennbaren Orientierungspunkten.

Zum Schluss der Übung studieren Sie zusammen den Autoatlas: »Wo leben wir?«

Ordnung in der Familie

Kinder, die gerade das Alphabet gelernt haben, haben Spaß an folgenden Spielen:

- Wie müssen sich die Familienmitglieder (inklusive Wuffi) aufstellen, damit die Vornamen alphabetisch angeordnet sind? Also zum Beispiel: Emily, Jan, Mama, Oma, Papa, Wuffi.
- Wie würden wir mit Vornamen heißen, wenn die Buchstaben in unserem Namen der alphabetischen Reihenfolge entsprechen würden? Die Emily hieße dann: »Eilmy« und die Oma hieße »Amo«.

Rechtschreibsuppe

Suppe mit Buchstabennudeln schmeckt allen Kindern, und sie können erste Wörter, zum Beispiel ihren eigenen Namen, am Tellerrand auslegen und später aufessen. Es gibt aber noch viel mehr Spielmöglichkeiten:

- Wer findet in seiner Suppe zuerst ein R, ein F ...?

- Alle *T*'s darf der Teddy futtern, darum sortieren wir diese Buchstaben aus und legen sie auf ein Extra-Tellerchen.
- Alle, die um den Tisch versammelt sind, legen gemeinsam das Suppennudel-Alphabet auf einen Teller.
- Mit der Hilfe der Oma legt das Kind die ersten, in der Schule gelernten Wörter mit Nudeln auf den Tellerrand.

Tipp: Natürlich kann man auch mit ungekochten Nudeln spielen!

Ratespaß am laufenden Band

Wie viele Gummibärchen sind wohl in der Tüte?
Wie lange dauert eine Minute?
Was ist wohl in diesem geheimnisvollen Päckchen?
Was ist der Mann in der Schlange vor uns wohl von Beruf?
Was ist unter dem Tuch versteckt?
Wohin fliegt wohl dieses Flugzeug und wer sitzt darin?
Das Telefon klingelt. Wer ruft uns jetzt an?
Wie viele Schritte sind es von der Haustür bis zur Garagentür?
Solche und viele ähnliche Fragen sind nicht nur lustig und prima gegen Langeweile geeignet, sie schulen die Beobachtung, die Fantasie, das räumliche Vorstellungsvermögen und leisten gute Vorbereitungsdienste für den Mathematik- und Deutschunterricht.

Sprachkenntnisse

Großeltern verfügen vielleicht nicht nur über verschiedene Sprachkenntnisse, sie sind auch die besten und geduldigsten Lehrmeister.
Ein paar Wörter in einer fremden Sprache zu sprechen, macht jedes Kind stolz, auch wenn es sich nur um die Zahlen von Eins bis Fünf handelt. Wer selbst keine Fremdsprache beherrscht, könnte ja mal die Nachbarin oder eine Freundin fragen. Dann

lernt man zusammen mit dem Enkelkind, teilt die Freude am gemeinsamen Wissenszuwachs und staunt darüber, wie schnell das Kind alles Neue aufnehmen und behalten kann.

Glühwürmchen

Oma weiß alles, zum Beispiel, dass Glühwürmchen in Wirklichkeit gar keine »Würmchen«, sondern Käferchen sind! Darum können sie auch herumfliegen. Wenn es dunkel wird, kann man sie prima beobachten, und wer schnell genug ist, kann sie sogar einfangen und in einem Schraubglas für ein paar Stunden aufbewahren. Viele Glühwürmchen im Glas geben so viel Licht ab, dass man mit Hilfe dieser ungewöhnlichen »Lampe« tatsächlich lesen kann! Aber nicht vergessen: Noch vor dem Schlafengehen müssen alle Glühwürmchen wieder ins Freie gelassen werden!

Das Familien-Quiz

Oma kennt einfach alle Mitglieder der Familie und außerdem weiß sie eine Menge über jeden einzelnen. Daraus entstand auch dieses Familien-Quiz, das man durchaus auch am Telefon oder per E-mail spielen kann. Los geht's!

- Welcher männliche Verwandte ist im Jahr 1965 geboren, brach sich beim Tischtennisspielen beide Beine und sucht sehr oft nach seiner Brille?
- Welche weibliche Verwandte sammelt Aufziehtierchen, kann jodeln und Motorrad fahren?

Nicht zu glauben, mit welchen ulkigen Menschen man verwandt ist! Je mehr das Kind über sie weiß, umso mehr weitere Dinge möchte es wissen. So weckt man auf spielerische Weise Interesse an der Großfamilie.

Fensterln

Enkelkind und Oma schauen eine Weile gemeinsam aus dem Fenster und prägen sich möglichst viele Einzelheiten von dem ein, was es da draußen zu sehen gibt. Nach etwa fünf Minuten ruft die Oma: »Augen zu!«. Das Kind schließt brav die Augen und die Oma stellt eine Frage, zum Beispiel: »Am Baum lehnt ein Fahrrad. Welche Farbe hat es?« Oder: »Was steht auf der Tafel vor dem Café?« Oder: »Wie viele Garagentore sind gerade offen?« Klar, dass dann die Rollen getauscht werden und die Fragen, die das Enkelkind der Oma stellt, bestimmt auch nicht einfach zu beantworten sind. Also: »Wie viele Sonnenblumen wachsen vor der Haustür?«

Omas Küchengeheimnisse

Mit Oma in der Küche werkeln macht nicht nur viel Spaß, man wird auch richtig gescheit dabei! So viele Gelegenheiten bieten sich, um mit künftigen Nobelpreisträgern die ersten physikalischen Versuche zu starten, zum Beispiel:

- Das Waschbecken wird mit Wasser gefüllt. Das Kind legt vorsichtig viele verschiedene Gegenstände hinein und staunt nicht schlecht, weil sich die Dinge im Wasser unterschiedlich verhalten. Jetzt kann man, bevor man die nächsten Gegenstände ins Wasser taucht, Wetten abschließen: Was schwimmt, was sinkt und was schwebt im Wasser? Nach einer Weile des Experimentierens kommt das Kind vielleicht von selbst auf die wichtige Erkenntnis: Ob etwas auf dem Wasser schwimmt, im Wasser schwebt oder auf den Boden sinkt, hängt in erster Linie von seinem Gewicht und seiner Form ab.
  Erstaunlich: Eine Kugel Plastilin sinkt. Formt man aber ein Boot daraus, schwimmt das Plastilin auf dem Wasser.

Und dann geht es auch gleich weiter:

- Wie kann man Zucker von Salz unterscheiden, ohne es zu probieren?
- Was passiert, wenn ich Backpulver mit Essig mische?
- Wer kann, trotz zugehaltener Nase, den Unterschied zwischen einem Stückchen Apfel und einem Stückchen Kohlrabi herausfinden?
- Wie bringe ich mein Frühstücksmüsli dazu, aus dem Schälchen zu springen?

Geheimtipp für Oma: Einen durch Reibung statisch aufgeladenen Gegenstand, zum Beispiel einen Plastikkamm über das Müsli halten!

- Wie kann ich Salz und Pfeffer, gut gemischt, wieder trennen?
- Was passiert, wenn ich ein paar Rosinen in ein Glas mit frisch eingeschenktem, kohlensäurehaltigen Mineralwasser plumpsen lasse?

Das Vier-Messer-Spiel

Dieses Spiel ist ein toller »Langeweile-Killer«, während man in einem Restaurant auf das Essen wartet.

Vier Messer werden so auf den Tisch gelegt, dass ein Gitter entsteht:

Zwei Messer parallel nebeneinander, die anderen beiden Messer quer darüber legen, ebenfalls parallel nebeneinander.

Beide Spiele brauchen nun noch jeweils fünf »Spielsteine«, zum Beispiel zwei Sorten Münzen oder Stückchen von der Serviette oder Würfelzucker …

Abwechselnd legt jeder Spieler einen seiner »Spielsteine« in ein Feld des Messergitters. Es gewinnt, wem es zuerst gelingt, drei seiner Steine waagrecht, senkrecht oder diagonal im Gitter anzuordnen. Der Verlierer startet die nächste Spielrunde.

Oma ist fit

Omas gehören heute nicht mehr zum alten Eisen. Sie zählen zwar schon ein paar Jährchen, sind aber meistens noch körperlich topfit. Zusammen etwas für die Fitness zu tun, macht Enkeln und Oma meist viel Spaß.

> *Anstrengungen machen gesund und stark.*
> MARTIN LUTHER

Spaziergänge mit Oma und Opa

Keine Sorge! – Es gibt ein paar Ideen, wie man jeden Spaziergang viel lustiger gestalten kann. *Aber:* Immer erst abklären, ob die Strecke keine Gefahren birgt. Selbst in Fußgängerzonen kann mal ein Auto kommen.

Von Kästchen zu Kästchen

- Auf einem gepflasterten Weg geht man so, dass der Fuß stets in einem Pflasterstein landet. Also immer vermeiden, auf die Striche (die Fugen) zu treten! Wer so eine Weile fehlerlos gegangen ist, erschwert sich die Sache folgendermaßen:
- Springe mit dem linken Fuß in ein Kästchen, dann mit dem rechten Fuß in das nächste und schließlich mit beiden in das übernächste Kästchen. Achtung! Nicht auf die Striche treten!
- Man gibt der Oma oder dem Opa die Hand und versucht mit geschlossenen Augen weiterzulaufen, stets darauf achtend, nicht auf die Striche zu treten. Sobald das doch passiert, wird das von der »Führungsperson« mitgeteilt. Wie weit kann man »blind« laufen, ohne auf einen Strich zu treten?

Im Rückwärtsgang
Rückwärts gehen und sich dabei von Oma oder Opa an der Hand führen lassen.
Ich sehe was, …
Nach dem bekannten »Ich sehe was, was du nicht siehst« -Spiel sagt ein Spieler z.B.: »Ich sehe was, was du nicht siehst und das ist gelb!« Ganz schnell peilt der Mitspieler die Lage und läuft dann zum nächsten gelben Gegenstand, der in der Spaziergangrichtung liegt. Sobald auch der andere Spieler am gelben Gegenstand angekommen ist, gibt der erste das nächste Laufrätsel – diesmal vielleicht nach einem blauen Gegenstand – vor.
Wie viele Schritte?
Zwei oder mehrere Spaziergänger bleiben stehen, schauen nach vorne in Gehrichtung und suchen sich in einiger Entfernung einen beliebigen Gegenstand, z.B. eine Plakatsäule aus. Dann gibt jeder einen Tipp ab, wie viele Schritte weit das Ziel wohl entfernt ist. Wessen Schätzung der Wirklichkeit am nächsten kommt, gewinnt. Achtung: Schritte werden laut mitgezählt!
Begegnungen
Wie vielen Hunden (Brillenträgern, Radfahrern, Männern mit Bart, roten Autos …) werden wir auf dem Spaziergang begegnen? Die Schätzungen aller Mitspieler werden vor dem Spaziergang notiert. Ja, und gewonnen hat wieder derjenige, dessen Schätzung dem Ergebnis am nächsten kam.

Die Enkel auf Trab bringen

Moderne, durchtrainierte Omas entwickeln gerne den Ehrgeiz, ihr vielleicht etwas bewegungsfaules Enkelkind zu scheuchen:

- »Wir machen zusammen ein Wanderung zum Aussichtsturm!«
- »Wollen wir zusammen ins Schwimmbad gehen?«

- »Was hältst du von einer gemeinsamen Radeltour?«
- »Wo ist der nächste Kirchturm, den wir erklimmen können?«
- »Schaffen wir es von Stein zu Stein zu springen und so den Bach zu überqueren?«

Spaß mit Pusteblumen

- Oma pflückt eine Pusteblume und bläst ganz kräftig gegen die Samenfallschirmchen, sodass sie durch die Luft wirbeln. Die Kinder laufen den Fallschirmchen nach und versuchen, möglichst viele davon in der Luft zu fangen.
- Wem gelingt es, eine Pusteblume so vorsichtig abzupflücken, dass sie dabei nicht eines ihrer Samenschirmchen verliert?

Kluge Füße

In eine Plastikwanne wird ein Gegenstand gelegt, der von seiner Form und seiner Oberfläche her besonders ist. Ein Radiergummi vielleicht oder ein Bauklotz, ein Stift, eine Zitrone, ein Würfel, eine Rolle Klopapier und so weiter.
Das Enkelkind tastet den Gegenstand mit verbundenen Augen barfuss ab und versucht zu erraten, was ihm da zwischen die Zehen gekommen ist. Hat das Kind das Ding erkannt, bzw. erfußt, darf es den Gegenstand erst einmal anschauen, dann werden die Augen wieder verbunden und der nächste Gegenstand ist an der Reihe. Nach etwa fünf bis zehn verschiedenen Durchgängen wird das Spiel beendet. Wer kann jetzt noch aus dem Gedächtnis die Dinge aufzählen, die zu ertasten waren?
Tipp: Zum Augenverbinden eignen sich Schlafbrillen, die es im Flugzeug für Langstreckenflüge gibt, ausgezeichnet. Die Brillen sind dicht, angenehmer als die Augenbinden und vor allem viel einfacher in der Handhabung.

Die Knieklopfer

Oma und Kind geben sich die rechte Hand und lassen sich während des ganzen Spiels nicht mehr los. Jetzt versuchen beide, mit der linken Hand auf das Knie des Gegners zu klopfen. Das klingt einfacher als es ist, denn der Spielpartner wird das tunlichst zu verhindern wissen. Wer zuerst ans Knie des Mitspielers klopft, ist Sieger.

Der Hindernisparcours

Nein, hier geht es nicht darum, mühselig mit tausend Dingen einen Parcours zu errichten, sondern darum, die Augen aufzuhalten, wo es schon einen gibt!
Waldränder sind beispielsweise oft sehr gut geeignet. Hier gibt es Baumstämme, auf denen man entlangbalancieren muss, eine Parkbank, von der man dreimal hintereinander hüpfen kann, ein kleines, letztes Schneefeld, das man mit einem Satz überspringen muss und vieles mehr. So wird jeder Ausflug und jeder Spaziergang zu einem tollen Erlebnis. Wenn man ein paar Mal hintereinander solche natürlichen Parcours gesucht und gefunden hat, werden die Kinder selbst danach Ausschau halten und fast überall, sogar auf dem Autobahnparkplatz noch einen entdecken.

Die Kinderschleuder

Oma steht mitten auf der Wiese und hält ihr Enkelkind an der Hand. Jetzt dreht sie sich mit dem Kind an der Hand immer schneller um die eigene Achse und lässt das Schleuderkind plötzlich los. Je nach Omas Schwung wird das »Geschoss« durch die Fliehkraft davongetragen, versucht aber nun so schnell wie möglich zu »versteinern«. Dann nimmt die Oma das nächste Enkelkind an die Hand und setzt das Spiel fort, solange, bis alle Mitspieler in den lustigsten Positionen als »Denkmäler« auf die

Wiese gebannt sind. Aber Vorsicht! Weiße Sommerkleider sind für dieses Spiel ungeeignet und Brillenträger müssen ihre Brillen vor dem Spiel absetzen!

Oma-Fußball

Für diese neue Art des Fußballspielens ist es egal, wie viele Sportler mitmachen und ein Tor brauchen wir auch nicht. Ein einzelner Pfosten oder ein Stock in der Erde genügt vollkommen. Fußballer ärgern sich, wenn der Ball gegen den Pfosten prallt. In unserem Spiel ist aber gerade das erwünscht. Auf dem Pfosten liegt nämlich ein kleiner Preis, z.B. ein Bonbon.
Die Sportler versuchen sich gegenseitig den Ball abzujagen, um ihn so gegen den Pfosten zu schießen, dass der Preis durch die Erschütterung zu Boden fällt. Wem das gelingt, der steckt den Preis ein. Oma legt einen neuen Preis auf den Pfosten und wirft den Ball für die nächste Spielrunde ein.

Oma-Fußball im Liegen

Oma und Enkel liegen nebeneinander auf dem Boden oder im Bett. Jeder nimmt ein kleines Kissen zwischen die Füße und wirft es so, dass es bequem mit den Händen wieder aufgefangen werden kann.
Geübte Fußballspieler probieren es dann auch mal in die andere Richtung. Jetzt wird der Ball mit den Händen geworfen und mit den Füßen aufgefangen.
Tipp: Nicht allzu kranke, aber bettlägerige Patienten können sich mit dieser Art des Fußballspielens ein bisschen Bewegung verschaffen.

Oma ist mobil

Alle sind heute dauernd unterwegs – auch viele Großeltern sind gerne auf Reisen. Manchmal geht das Enkelkind mit auf Reisen – auch wenn sie vielleicht nur in den nächsten Stadtpark führt, ist sie trotzdem ein Erlebnis.

> *Die Welt ist ein Spiegel, in dem jeder sein eigenes Antlitz erblickt. Wer sauer hineinschaut, sieht ein saures Gesicht. Wer hineinlächelt, findet einen fröhlichen Gefährten.*
> William Macepeace Thackeray

Grüße von Oma

Viele Großeltern haben erst jetzt genügend Zeit und Geld zum Verreisen und es gibt viele, die das ausnützen und sehr oft unterwegs sind. Natürlich vergessen die Großeltern auch jetzt ihre Enkelkinder keine Minute lang. Die Enkel freuen sich über Ansichtskarten, Briefe auf außergewöhnlichem Briefpapier, zum Beispiel vom Hotel, in dem sich die Großeltern gerade befinden, Souvenirs wie Briefmarken, ausländische Münzen, ein Stück der örtlichen Tageszeitung (besonders toll, wenn es sich um Texte in einer anderen Schrift handelt), Hotelkugelschreiber und alle anderen Dinge, die man unterwegs so einsammelt und die in ein Briefkuvert passen.

Tipp: Schicken Sie dem Kind vor Ihrer Abreise eine Landkarte, auf dem es Ihre Reiseroute verfolgen kann!

Wegversteckt!

Wenn ein Besuch beim Enkelkind zu Ende geht, dann wird ein kleines Geschenk irgendwo im Haus versteckt oder sogar im Garten unter einem Laubhaufen, im Sandkasten, ... verbuddelt. Der Abschiedsschmerz wird nicht so groß sein, wenn das Kind gleich nach Omas Abfahrt auf Schatzsuche gehen darf. Sicherheitshalber könnte man im Kinderzimmer noch kleine Zettel mit Hinweisen auf den Fundort zurücklassen. Na, wer ist schneller? Sobald die Oma wieder bei sich zuhause angekommen ist, wird sie beim Enkelkind anrufen und hören, ob das Geschenk gefunden wurde oder ob sie noch weitere Hinweise auf den Fundort geben muss.

Ein Kuss zum Abschied

Zum Abschied gibt man dem Kind einen ganz geheimen Kuss auf die Handfläche und schließt das Kinderhändchen sanft, denn dieser Kuss ist für später gedacht, wenn die Oma schon fort ist. Dann hat das Kind immer noch den geheimen Kuss, mit dem es sich trösten kann und von dem sonst niemand etwas weiß!
Tipp: Ein lachendes Gesicht in die Kinderhand zeichnen!

Das Picknick

Kleine Menschen lieben Picknicks und lassen sich auch von Ameisen und Mücken nicht so leicht den Spaß verderben. Egal ob im Wald, im Stadtpark oder im eigenen Garten, allein schon die Vorfreude ist die Sache wert. Am besten packt man alles Nötige, wie Essen, Trinken, Picknickdecke, Papierhandtücher, Abfalltüte etc. in einen Leiterwagen, den das Enkelkind höchstpersönlich zum Picknickplatz ziehen darf.
Wenn es dann plötzlich regnet, verlagern wir das Picknick einfach ins Haus. Im Wohnzimmer wird die Decke ausgebreitet und

dann wird gemeinsam geschlemmt und gespielt, genau wie es eigentlich für draußen geplant war.
Spaß macht es auf jeden Fall!

Wer suchet, der findet

Ausgerüstet mit einer verschließbaren Schachtel, einer Lupe, einem Fernglas und diversen anderen Ausstattungsgegenständen für Abenteurer begibt man sich in den nahe gelegen Wald, den Stadtpark oder auf die Wiese hinter dem Spielplatz. Dann schaut man sich genau um und wird bestimmt bald fündig: glitzernde Steinchen, verwaiste Schneckenhäuser, Tannenzapfen, eine alte, verkrustete Münze, eine winzige Vogelfeder und vieles mehr warten hier nur auf den Moment ihrer Entdeckung. Besonders schöne Fundsachen nimmt man mit nach Hause, wo man sie nach gründlicher Reinigung in einem Mini-Museum der interessierten Öffentlichkeit, wie Mama, Papa, Opa und Geschwister, zugänglich macht.

Kleiner Ausflug in den Park

Mit Oma oder Opa in den Park gehen, ist eine besonders schöne Sache, denn Großeltern haben genau die Zeit, die ein Kind braucht. Im Park könnte man zum Beispiel:

- die Enten und Schwäne besuchen und den allerschönsten oder allerzutraulichsten Tieren einen Namen geben, wie Liselotte oder Hedwig.
- sich in Ruhe auf eine Parkbank setzen und den Menschen zuschauen, die vorbeischlendern, joggen oder ebenfalls auf Parkbänken sitzen.
- von einer kleinen Brücke aus dem Bach zuschauen, nach Fischen oder Fröschen Ausschau halten und kleine Blätterboote ins Wasser setzen.

- alle Hundebesitzer, an denen man vorbeikommt, nach den Namen ihrer Hunde fragen und darüber staunen, welche komischen Namen es so gibt.

Eine bunte Welt

Wie bunt, vielseitig und wundervoll die Welt ist, kann man einem Kind durch viele Erlebnisse nahe bringen. Einen ganz besonderen Eindruck vermitteln Ausstellungen, Börsen und Messen. Die Tageszeitungen und entsprechende Webseiten im Internet informieren darüber, was gerade in der Stadt los ist. Da gibt es vielleicht eine Insektenbörse, die einem die unerschöpfliche, faszinierende Welt dieser kleinen Geschöpfe näher bringt. Wer einmal staunend diesen Reichtum der Natur betrachten durfte, wird auch jedem Insekt in seinem Umfeld mit ganz anderen Augen und gebührendem Respekt begegnen. Eine Vogelausstellung ist nicht weniger interessant. Aber da gibt es ja auch noch die Gartenschau und die Mineralientage, an denen man Edelsteine aller Größen, Farben und Formen betrachten kann und vielleicht sogar den einen oder anderen Stein geschenkt bekommt. Wer weiß, vielleicht schlägt der Funke über und die Ausstellung wird der Beginn eines Hobbys, das den Enkel ein Leben lang begleitet.

Überraschungen für unterwegs

Wer mit seinem Enkelkind eine längere Autofahrt unternehmen will, ist gut dran, eine Überraschungskiste dabei zu haben. Viele kleine Dinge, mit denen man sich unterwegs die Zeit vertreiben kann, werden in Geschenkpapier gewickelt und in die Überraschungskiste gelegt. Je nach Entfernung des Reiseziels darf sich das Kind zum Beispiel alle 50 Kilometer oder jede halbe Stunde ein Päckchen aus der Kiste fischen und sich freuen über:

Buntstifte, Rätselblock, kleines Buch, eine Tüte Studentenfutter, Seifenblasen, Magnetspiel, Stickerbüchlein, eine Kette aus Traubenzuckerringen, Kaugummi, ...
Tipp: So eine Überraschungskiste für unterwegs ist auch ein tolles Geschenk für eine Urlaubsfahrt, die das Enkelkind mit seinen Eltern unternimmt.

Spielplatzerkundung

Spielplätze haben für Kinder jeden Alters eine ungewöhnliche Anziehungskraft. Den eigenen Spielplatz im Wohngebiet kennt das Kind schon in- und auswendig und den Spielplatz bei der Oma ebenso. Da ist es natürlich spannend, wenn man mit Oma in einen anderen Stadtteil oder ins Nachbardorf fahren darf, um dort den jeweiligen Spielplatz kennen zu lernen. Neben den eigentlichen Spielplätzen gibt es aber noch eine Menge Natur-Spielplätze zu erobern: Ein mit Moos bewachsener Baumstamm mitten im Wald ist eine tolle Umgebung für ein Abenteuerspiel mit kleinen Playmobilfiguren, ein Bach ist ideal für eine grausame Piratenschlacht und eine Kiesgrube der ideale Ort, um den neuen Bagger auszuprobieren. Wenn Sie mit Ihren Enkeln unterwegs sind, planen Sie ein bisschen Zeit ein für das Verweilen an diesen außergewöhnlichen Spielplätzen.

Doppelt gemoppelt

Ein Spiel für unterwegs, bei dem Großeltern und Enkelkinder gemeinsam nach doppelt gemoppelten Autos Ausschau halten. Fahren beispielsweise zwei rote Autos direkt hintereinander, so ist das ein Treffer. Genauso ist es, wenn zwei Autos gleichen Fabrikats oder mit gleicher Endzahl auf dem Nummernschild hintereinander des Weges kommen. Doppelt gemoppelt sind auch zwei Autos mit Skisack auf dem Dach, zwei Cabrios, ...

Die Wegweiser-Box oder: Das Navigationssystem

Eine leere Streichholzschachtel, ein Streifen weißes Papier, Kleber und Buntstifte werden zum Basteln dieser lustigen Wegweiser-Boxen gebraucht.

Zum Einsatz kommt so eine Box zum Beispiel, wenn das Kind zum ersten Mal den Weg zum Kindergarten (zur Schule, zum Haus der Oma ...) alleine zurücklegen will oder wenn eine Fahrt in die Ferien (zu den Verwandten ...) bevorsteht.

Ein Streifen Papier, der so breit ist wie die Streichholzschachtel, wird in fünf gleich große Teile gefaltet. Nun überlegt man sich fünf Markierungspunkte, an denen das Kind auf seinem Weg vorbei kommt, zum Beispiel: Spielplatz, Gemüsestand, Briefkasten, Kirche und Gasthaus. Zu jedem Markierungspunkt wird ein Bild auf ein Teil des Streifens gemalt. Dann wird das untere Ende in die Streichholzschachtel geklebt, die übrigen vier Teile darüber gefaltet und die Streichholzschachtelschublade in die Hülse gesteckt.

Wer will, bemalt oder beklebt die Hülse noch bunt und schenkt die Wegweiser-Box dem Enkelkind.

Wörterjagd für unterwegs

»Wörterjagd« ist ein lustiges Lernspiel, das man mit Kindern ab dem Schulalter auch unterwegs prima spielen kann.

Zuerst darf das Kind einen Buchstaben bestimmen, zum Beispiel: »B«. Dann suchen wir abwechselnd nach Wörtern, die mit diesem Buchstaben beginnen.

Das erste Wort soll aus drei Buchstaben bestehen, wie zum Beispiel »Bus«. Das zweite hat einen Buchstaben mehr, also vielleicht »Bank«. Das dritte Wort hat dann fünf Buchstaben, wie »Birne« usw.

Wer findet das allerlängste B-Wort?

Omas Zaubertasche

Quengelige Enkelkinder werden wesentlich erträglicher, wenn man ihnen erlaubt, in regelmäßigen Abständen Omas Zaubertasche zu inspizieren. Je nachdem, wie man unterwegs ist, darf das Kind vielleicht alle 500 Meter Wanderweg oder alle 50 Kilometer Autofahrt oder auf Zugreisen bei jedem Bahnhof, an dem der Zug hält, in Omas Zaubertasche (Extrafach im Rucksack oder der Handtasche) schauen. Und so eine Zaubertasche hält, was ihr Name verspricht. Einmal findet sich ein Bonbon darin, einmal ein Stück Plastilin, einmal ein Pfeifenreiniger, mit dem man lustige Tierchen biegen kann und ein andermal ein Kaugummi. Tja, so ist das mit Omas Zaubertasche!

Mitbringsel

Niemand soll erklären, dass Mitbringsel aus der Mode gekommen sind. Jeder freut sich über ein kleines Geschenk, wenn die Oma zu Besuch kommt. Bei kleinen Kindern steht natürlich das Geschenk selbst im Mittelpunkt, aber größere freuen sich auch darüber, dass die Oma an sie gedacht hat und keine Mühen gescheut hat, wieder einmal eine nette Überraschung zu besorgen.

Mit Oma gehts mir gut

Oma ist nicht zimperlich

Großmütter sind nicht von Pappe, sie halten etwas aus. Kinder, die auf ihnen herumkrabbeln. Die vor ihnen stehen und quengeln: »Ich weiß nicht, was ich machen soll!« Die Eltern dieser Kinder, die voller Vertrauen darauf bauen, dass den Großeltern unverdrossen immer neue Strategien für die Beschäftigung ihrer Enkel einfallen.

Lebenskünstler ist, wer seinen Sommer so erlebt,
dass er ihm noch den Winter wärmt.
ALFRED POLGAR

Spaziergang im Regen

Es regnet, es regnet,
es regnet seinen Lauf.
Und wenn' s genug geregnet hat,
dann hört' s auch wieder auf!

Ein Spaziergang im Regen unter einem selbst gebastelten Plastikdach macht sehr viel Spaß.
Für ein Plastikdach braucht man einen großen (unbenützten) Müllsack, pro »Regenwurm« einen Stock von der Länge eines Regenschirmes und ein kleines Stück Schnur.
Zuerst wird die Mülltüte an den Längsseiten so aufgeschnitten, dass eine lange Plastikplane entsteht. Dann hält ein Bastler einen Stock und ein anderer befestigt die Plastikplane mit der Schnur am oberen Ende des Stocks. Das gleiche geschieht an der ande-

ren Kante der Plastikplane, sodass jeder der beiden Spaziergänger dann während der Wanderung einen Stock in der Hand hält.
Tipp: Die Plane wird länger und das Spiel lustiger, wenn man zwei aufgeschnittene Mülltüten mit den Breitseiten aneinanderklebt.

Schnecken-Poker

Auf ein Stück stabile Pappe (z.B. der Rücken vom Zeichenblock) wird mit Hilfe eines Zirkels eine Scheibe aufgemalt und in mehrere kleinere Kreisringe unterteilt.
Dann sucht sich jeder Spieler eine lebende»Rennschnecke« mit Haus, und auf ein Startzeichen hin setzt jeder seine Schnecke genau in den Innenkreis dieser Scheibe. Es dauert ein bisschen, bis die Schnecken im Schneckentempo überhaupt wieder aus ihrem Häuschen kommen und davon»eilen«. Egal, wohin die Schnecken laufen, sie dürfen jetzt nicht mehr berührt werden! Es gewinnt die Schnecke, bzw. deren Besitzer, die zuerst im äußersten Kreis der Scheibe angelangt ist.

Achtung
Schnecken sind Lebewesen und natürlich kein Spielzeug. Also bitte die Schnecken nach der »Siegerehrung« wieder dorthin bringen, wo man sie gefunden hat.

Extratipp: Eine Schnecke auf eine kleine Glassscheibe (notfalls Opas Brille) setzen und von unten zusehen, wie sich dieser weiche Körper fortbewegt.

Leben unter Steinen

Es lohnt sich, immer mal wieder einen größeren Stein vorsichtig anzuheben. Darunter leben viele kleine Lebewesen: Käfer, Spinnen, Asseln, Ameisen und Würmer.

Wenn man die Tiere eine Weile lang beobachtet hat, legt man den Stein sanft an seinen Platz zurück. Toll wäre es, wenn Oma ein Insektenbestimmungsbuch dabei hätte, denn dann kann man gleich nachsehen, wie die Tierchen heißen.

Ohne Insektenbestimmungsbuch kann man ihnen natürlich auch selbst treffende Namen geben, wie: »Achtbeiniger Erdwühler« oder »Langnasiger Untergrundelefant« usw.

Liebe Sonne, komm gekrochen,
denn mich friert' s in meinen Knochen.
Liebe Sonne komm gerennt,
denn mich friert' s an meine Händ' .

Die Taschenlampentour

Schenken Sie Ihrem Enkelkind eine gute Taschenlampe! Sobald es dann dunkel geworden ist, machen Sie sich auf zur Entdeckungstour in den Keller, ums Haus herum, in den Park oder sogar in den stockfinsteren Wald! Das Ziel ist die Jagd nach noch nie zuvor gesehenen Dingen. Mit so einer Taschenlampe kann man hoch hinauf in die Wipfel der Bäume leuchten und vielleicht sogar ein Käuzchen entdecken. Man kann den Boden ableuchten nach Insekten, die gerade nachts des Weges krabbeln, nach Nachtfaltern, die sich einstellen, wenn man den Lichtkegel der Taschenlampe eine Weile lang auf einen hellen Grund (Pulli, Betttuch ...) scheinen lässt. Die Entdeckungsreise ist spannend, schweißt das Forscherteam zusammen und bleibt ewig in der Erinnerung haften.

Wir gehen auf Großtierjagd

Im Wald, im Garten, im Keller oder auf dem Dachboden wird ein Teddybär oder ein anderes wildes Kuscheltier versteckt. Dann wird zum »Großen Halali« geblasen. Die Kinder betreten vorsichtig das Jagdgebiet und machen sich mithilfe ihrer Taschenlampen sofort auf die Suche nach dem Raubtier. Wer entdeckt das Tier zuerst? Der erfolgreiche Großwildjäger bekommt ein Tütchen Gummibären, das er sich mit seinen Jagdkollegen teilt.

Das Nest

Ein bisschen Nestwärme gewünscht? Hier kommen alle Kinder auf ihre Kosten. Im Garten wird zuerst ein riesiger Berg Laub zusammengerecht. Dann breitet man das Laub ein bisschen aus, setzt sich in die Mitte und drückt dadurch die Blätter ein wenig zusammen. Fertig ist das Nest, in dem nun Oma und Enkel eng aneinander gekuschelt Platz nehmen. Vielleicht hat Oma ein Buch dabei, aus dem sie ihren Vogelkindern vorliest, oder eine Packung Kekse, mit denen sie die hungrigen Schnäbel füllt.
Tipp: Im Sommer wird das Nest aus frisch gemähtem Gras oder Heu gebaut.

Der Regenwurm-Marsch

Zuerst sucht man gemeinsam im Garten nach Regenwürmern. Zwei Exemplare wären für dieses Experiment schon ausreichend. Zu Hause setzt man die Würmer auf ein Stück Papier, schließt die Augen und lauscht. Tatsächlich hört man, wie sich die Regenwürmer auf dem Papier fortbewegen. Es klingt, als würden unzählige kleine Bürstchen über das Papier kehren. Natürlich werden die Regenwürmer nach dem Lauschtest sofort wieder dorthin zurück gebracht, wo man sie entdeckt hat.

Oma nimmts locker

Omas sind heute nicht mehr von gestern und schon überhaupt nicht altmodisch, sondern ziemlich gut drauf, modern und locker. Deshalb taugen sie auch dazu, gute Freundinnen ihrer Enkel zu sein: richtig gute Kumpel, was bei gemeinsamen Unternehmungen schnell zu spüren ist.

> *Das Wichtigste ist in erster Linie, dass man zu Selbertun und nicht zu Passivität erzogen wird.*
> RICHARD VON WEIZSÄCKER

Omas Bärenhöhle

Ein Tisch wird mit einer bodenlangen Decke darüber zur Bärenhöhle. Während zuerst die Oma in Gestalt eines schrecklich gefährlichen Bären knurrend in der Höhle sitzt und auf ein Opfer lauert, krabbeln alle Bärenkinder mit klopfendem Herzen um die Höhle herum, denn jeder weiß: Irgendwann wird der Bär aus seiner Höhle hervorschießen und einen der Krabbelbären als Opfer in seine Höhle zerren. Wer auf diese Weise gefangen wurde, wird zuerst mal kräftig durchgekitzelt und danach zum neuen Höhlenbären ernannt. Die Bärenoma hat nun Gelegenheit, ihre Untat als Krabbelbär zu bereuen.

Monatsanfang

Der erste Tag eines neuen Monats ist etwas Besonderes – vielleicht sogar ein kleines Fest zu zweit wert. Man kann zum Beispiel ein besonderes Essen zubereiten, den Tisch passend zum neuen Monat decken und darüber reden, welche tollen Ereignisse der neue Monat bereithält. Da sollten zum Beispiel besondere Feiertage genannt werden, private Festtage, Kindergarten-, Schul-, Kirchen- und Gemeindeveranstaltungen und vieles mehr. Vielleicht gibt es auch eine besondere Aufgabe, die für Oma und Enkelkind ansteht, zum Beispiel Laubrechen im Oktober, Rasenmähen im Juni, Vögel füttern im Januar usw.

Lachen verbindet

Egal, was gerade das Kinderherz beschwert, Lachen lockert, verbindet und ist der Schlüssel zu jedem Kinderherz.
Kaufen Sie ein Buch mit netten Kinderwitzen und lassen Sie immer wieder mal einen Witz einfließen. Beenden Sie auch Telefongespräche mit einem Lacher. Das motiviert gleich für das nächste Gespräch.
Wer will, schneidet besonders lustige Witze und Cartoons aus der Zeitung, sammelt sie und schickt sie dann ans Enkelkind.

Um den Tisch herum

Sogar nach dem Abendessen, wenn alle beisammen sitzen, der Tisch aber noch nicht abgeräumt ist, weiß Oma noch ein nettes Spiel.
Ein Spieler schließt die Augen. Ein anderer schlägt mit einem Löffel sanft gegen einen beliebigen Gegenstand, der auf dem Tisch steht, z.B. den Salzstreuer, ein Glas … Kann der »Blinde« am Klang erraten, um welchen Gegenstand es sich handelt?

Das Walross

Oma ist das Walross. Sie liegt auf dem Rücken und schnarcht. Das Kind will das Walross aber aufwecken und versucht, das faule Tier auf den Bauch zu wälzen. Aber das hartnäckige Walross ist unendlich schwer und scheint mit seinem Rücken auf dem Boden angewachsen zu sein. Jedoch lässt das engagierte Kind nicht so schnell locker. Immer wieder versucht es mit aller Kraft, das Walross zu wenden. Nach drei Minuten ertönt ein Signal (Küchenwecker ...). Hat das Kind bis jetzt noch keinen Erfolg gehabt, geht der Sieg an das Walross und es darf weiterschlafen. Gelingt es dem Kind aber, das Walross auf den Bauch zu wälzen, tauschen die beiden ihre Rollen.

Der musikalische Bauernhof

Mit Musik wird auch der traurigste oder langweiligste Tag wieder viel fröhlicher. Ganz besonders lustig wird es, wenn sich alle Sänger zwar auf ein gemeinsames Lied einigen, es aber in verschiedener Tiersprache singen. Der Opa wird das Lied quaken, die Oma bellt es und Timo muht oder wiehert die Melodie.

Quetschquatsch

Wenn alle Erwachsenen und Kinder um den Tisch versammelt sind und das Essen gleich beginnen kann, geben sich alle Familienmitglieder erstmal noch die Hände. Oma »quetscht« dabei die Hand, die in ihrer rechten ruht. Der auf diese Weise Gequetschte gibt das Geheimzeichen an seinen rechten Nachbarn weiter und so fort, bis das Quetschzeichen in Omas linker Hand ankommt und sie mit »Guten Appetit!« das gemeinsame Essen eröffnet.

Nicht zu fassen!

Großeltern sind in den meisten Fällen sehr aufmerksam, was ihre Enkel betrifft. Sie ahnen nicht nur diverse Kinderkrankheiten, bevor sie ausbrechen, sie ahnen auch diverse Probleme, Gemütsschwankungen und seelische Nöte oft früher als die Eltern. Viele Dinge verlieren ihre Schrecken, wenn man das Gefühl bekommt: Hier ist jemand, auf den ich bauen kann.

Beispielsweise hat sich die Enkelin fürchterlich darüber geärgert, dass sie von einer Klassenkameradin nicht zur Geburtstagsparty eingeladen wurde. Klar, daran können Sie nichts ändern, aber Sie könnten mit etwas völlig Unerwartetem das Enkelkind aus seiner Traurigkeit holen. Wie wäre es mit vielen bunten Luftballons, mit denen man die Zimmerdecke des Kindes behängt, oder die aus dem Kleiderschrank quellen, wenn das Kind die Schranktür öffnet? Wie wäre es mit einem Überraschungsbesuch in der Eisdiele, mit einem kleinen Geschenk, das in einem Paket voller Popcorn versteckt ist und das einfach so vor der Haustür steht?
Was auch immer: Trauen Sie sich, etwas völlig Unerwartetes und vielleicht sogar Verrücktes zu machen, um die Stimmung des Enkelkindes wieder zu heben und zu demonstrieren, dass da jemand ist, der versteht und keine großen Gespräche aufzwingt.

Spaß an Comics

Kinder ab dem Lesealter lieben Comics. Darum die Tageszeitungen nie wegwerfen, bevor man nicht die Comics ausgeschnitten hat. Wer will, klebt sie in ein Schulheft und schickt die fertige Sammlung dem Enkelkind per Post. Besonders ein krankes Kind (und seine Eltern) werden sich sehr über diesen »Langeweile-Killer« freuen.
Richtig lehrreich wird die Comic-Leidenschaft auf diese Weise: Jeder Comic wird kopiert und der Text aus den Sprech- und Denkblasen entweder herausgeschnitten oder mit Tipp-Ex unsichtbar gemacht. Diese Comics werden dann von den Enkeln genau betrachtet und jeder darf sich passende Texte überlegen und in die Blasen schreiben. Was dabei entsteht, ist oftmals besser als das Original!

Oma mag die Stille

Die Omas von heute sind zwar fit, aber für das ganz wilde Toben nicht mehr unbedingt zu haben. Dafür decken sie viele andere Bereiche ab, zeigen ihren Enkeln die ruhigeren Seiten des Lebens, sensibilisieren sie für die leiseren Töne des Lebens.

> *Stille ist ein Schweigen, das den Menschen Augen und Ohren öffnet für eine andere Welt.*
> SERGE POLIAKOFF

Schöne Aussichten

»Schauen« Sie in Gedanken aus einem beliebigen Fenster Ihrer Wohnung oder der Wohnung des Kindes und erzählen Sie, was Sie so alles sehen können. Zum Beispiel: »Wenn ich aus diesem Fenster schaue, sehe ich einen hohen Tannenbaum, an dem ein Vogelhäuschen befestigt ist. Neben dem Baum sehe ich ein paar bemooste Steinplatten und dahinter eine Wiese mit vielen Gänseblümchen …« Geben Sie nicht zu viele Einzelheiten gleichzeitig preis! Wann errät das Kind, aus welchem Fenster Sie gerade »schauen«?

Hör doch mal!

Ein Fenster wird weit geöffnet. Oma und Enkel setzen sich entspannt davor und lauschen den Geräuschen, die von draußen ins Haus hineinklingen. Je länger man konzentriert lauscht, umso mehr verschiedene Geräusche kann man unterscheiden: Eine Autotür wird zugeschlagen, Blätter rauschen, von irgendwo hört man Radiomusik, ein Baby schreit, Vögel zwitschern …

Tipp: Die meisten Menschen hören besonders gut, wenn sie dabei ihre Augen schließen.

Im Wechsel der Jahreszeiten

Gleich noch ein weiteres »Fensterspiel«: Oma und Enkel schauen aus dem Fenster und stellen sich vor, wie die Gegend wohl aussehen würde, wenn es jetzt statt Sommer Winter wäre, statt Frühling Herbst usw. Natürlich ändert sich im Wechsel der Jahreszeiten nicht nur die Natur! Auch die Kleidung der Passanten, die Dekoration in den Schaufenstern, das Gepäck auf den Dachträgern der Autos und vieles mehr sähe dann anders aus.

Karten-Gedächtnisspiel

Ein ganz normales Kartenspiel, das nicht einmal vollständig sein muss, wird zuerst gut gemischt und dann werden die Karten auf dem Tisch mit der Bildseite nach unten ausgelegt.
Der erste Spieler sucht sich zwei beliebige Karten aus und dreht sie um. Haben die beiden Karten eine Gemeinsamkeit – z.B. zwei Herz-Karten, oder zwei Könige etc., darf der Spieler dieses Kartenpaar an sich nehmen und so lange weiterspielen, bis er zwei Karten aufdeckt, die nicht zusammen passen, z.B. Herz-Ass und Karo-Zehn. Diese Karten werden dann wieder umgedreht und der nächste Spieler ist an der Reihe.
So geht das Karten-Gedächtnisspiel weiter, bis alle möglichen Paare ihren Besitzer gefunden haben. Jetzt werden die Paare gezählt und derjenige zum Sieger erklärt, der die meisten Pärchen hat.

Zauberfinger

Der Erwachsene steht hinter dem Kind und trommelt zum Beispiel mit drei Fingern auf dem Kinderkopf. Dazu raunt er ganz

leise: « Eins, zwei, drei, vier, fünf, sechs, sieben, wie viel Finger sind geblieben? «
Sofort lässt der Zauberer die entsprechenden Finger auf dem Kopf des Kindes ruhen. Es soll jetzt angeben, wie viele Finger da im Spiel waren und jetzt noch auf seinem Kopf liegen. Stimmt seine Vermutung, tauschen die beiden ihre Rollen. Wenn nicht, wiederholt der Zauberer das Spiel mit der gleichen Anzahl von Fingern.

Streicheleinheiten

In einer geheimen Schachtel befinden sich verschiedene Gegenstände, mit denen man streicheln kann. Solche Gegenstände sind vielleicht: ein Wattebausch, eine Feder, ein Stückchen Pelz, ein flauschiger Handschuh, eine Holzkugel, ein Wollknäuel und vieles mehr.
Das Kind schließt die Augen und Oma streichelt seinen Arm oder seine Hand mit dem besonderen Gegenstand. Na, kann das Kind erkennen, womit es da gerade gestreichelt wurde?

Spiegelbilder

Oma stellt sich so, dass die Sonne auf ihren kleinen Handspiegel scheint und die reflektierten Sonnenstrahlen als Lichtpunkt auf einer Wand oder der Zimmerdecke zu sehen sind. Dann bewegt sie den Spiegel langsam und malt mit dem Lichtpunkt einen einfachen Gegenstand, zum Beispiel ein Auto oder eine Blume an die Wand.
Das Kind passt gut auf, was da an der Wand erscheint. Wenn es den richtigen Begriff nennt, bekommt es selbst den Spiegel und darf gleich das nächste Lichtbild malen.
Profis können auch Wörter oder Rechenaufgaben an die Wand schreiben!

Im Wolkenkino

Ein Spiel, das bestimmt schon die Oma aus ihrer Kindheit kennt: Man legt sich gemütlich ins Gras, streckt sich aus, entspannt sich und betrachtet die Wolken am Himmel. Schon nach kurzer Zeit entdeckt man eine kleine, walzenförmige Wolke, die aussieht wie der Dackel Leo vom Hausmeister und die Wolke daneben verformt sich ganz langsam in ein Krokodil mit Regenschirm. Je länger man sich seiner Fantasie und Vorstellungskraft hingibt, umso lustiger die Kinovorstellung.

Das Wiesenkönigreich

Das Kind bekommt ein Stück Schnur von etwa einem Meter Länge, verknotet die Enden und legt den Ring irgendwo auf die Wiese. Dann kniet oder legt sich der kleine König oder die Königin neben sein Königreich und lernt erst einmal die Landschaft und seine Bewohner kennen. Vorsichtig schiebt man die Grashalme auseinander und staunt über Käfer, Ameisen, Grashüpfer und die vielen anderen Insekten, die man noch nie im Leben gesehen hat. Je länger man sein Königreich geduldig betrachtet, umso mehr entdeckt man.

Wenn die Zeit es zulässt, begibt sich danach jede Hoheit zu einem Staatsbesuch in ein anderes Königreich.

Auf der Lauer

Sie sitzen mit ihrem Enkelkind im Wald. Sprechen ist jetzt eine Weile streng verboten. Sie konzentrieren sich auf die Geräusche im Wald: auf das Knacken im Dickicht. Auf das Vogelgezwitscher. Auf das Knarren im Gehölz. Jeder Mucks, der sich tut, wird ganz intensiv wahrgenommen. Und nicht nur die Geräusche zählen, sondern auch die Gerüche. Und hinterher erzählen sie sich, was sie gehört, gesehen und gerochen haben.

Nase trifft Nase

Oma und Enkelkind stehen etwa einen Schritt voneinander entfernt und schauen sich an. Jetzt sagen sie gemeinsam: »Auf die Plätze, fertig, los!« und schließen ihre Augen. Beide Spieler versuchen sogleich, sich dem Gesicht des Partners so zu nähern, dass sie Nasenspitze an Nasenspitze zusammentreffen. Gar nicht so einfach! Erst nach mehrmaligem Üben wird man so fit sein, das Kunststück dem Opa oder anderen Zuschauern vorzuführen.

Wenn ich ein Vöglein wär' …

Oma und Enkelkind liegen entspannt auf dem Boden, schließen die Augen und stellen sich vor, wie es wäre, wenn man als Vogel über Felder und Wiesen fliegen könnte. Die Arme werden ausgebreitet und man gleitet langsam durch die Lüfte. Ein Vogel erzählt dem anderen leise, was er so sieht auf seinem Flug: Blumen, Bäume, eine Schafherde … Wohlige Entspannung macht sich breit und nicht selten schlafen die Vögel noch während ihres Fluges ein.

Das Bettgeschenk

Wie bekommt man ein ziemlich lustiges, kleines Enkelkind dazu, freiwillig ins Bett zu gehen? Das ist nur einfach, wenn man dieses Spiel eingeführt hat:
Jeden Abend wartet irgendwo im Bett ein kleine, bunte und stabile Einschlafgeschenkeschachtel darauf, vom Kind entdeckt zu werden. Jeden Tag steckt eine andere kleine Überraschung in der Schachtel und jeden Tag steckt die Schachtel selbst an einer anderen Stelle. Einmal muss man sie aus dem Kopfkissenbezug angeln, einmal steckt sie zwischen Matratze und Bettgestell und ein anderes Mal sogar unter dem Bett. Aufmachen darf man die Schachtel aber erst, wenn man brav im Bett liegt!

Guten Abend, gut' Nacht

Zwischen dem Trubel des Tages und dem wohligen Einschlummern liegt die Zeit des Ruhigwerdens und des Entspannens. Kleinen Kindern erleichtert man diese »Schleusenzeit«, indem man sie auffordert, ihre Kuscheltiere und Puppen, jedes einzeln versteht sich, ins Bett zu legen und zuzudecken. Dann gibt man noch jedem Tierchen und jedem Püppchen einen bestimmten Auftrag, wovon es träumen soll. Der Teddy soll heut Nacht von einem Glas Honig träumen, die Lieblingspuppe von der Ausfahrt im neuen Puppenwagen, das Schaf schläft bestimmt am besten, wenn es von einer wunderschönen, saftigen Sommerwiese mit unzähligen, bunten Blumen träumt usw.
Puh, ganz schön anstrengend, bis die lieben Kleinen alle versorgt sind! Schließlich liegt das Kind selbst im Bett und überlegt sich nun, wovon es selber träumen möchte ...

Tierische Träume

Jeden Abend darf sich das Kind drei Tiere aussuchen und die Oma erzählt, wovon diese Tiere heute Nacht träumen werden. Dabei achtet sie darauf, dass das erste Tier, zum Beispiel die Giraffe, noch irgendeinen lustigen Quatsch träumt, das zweite Tier träumt eine ziemlich normale Geschichte und das dritte Tier träumt etwas sehr Entspannendes, Einfaches, ja beinahe schon Langweiliges ... bis Kind und Oma zu gähnen anfangen und die Kinderaugen langsam zufallen.

Wenn die Tiere schlafen gehen ...

Jeden Abend vor dem Einschlafen besuchen wir in Gedanken die Tiere. Einmal sind die Bauernhoftiere an der Reihe und wir sagen »Gute Nacht, ihr lieben Kühe«, »Gute Nacht, ihr lieben Gänse.« Dann sind die Pferde, die Schweine, die Ziegen ... dran.

Am nächsten Tag besuchen wir die Tiere im Zoo, am Tag danach die Tiere im Wald, im Dschungel, auf der Wiese oder unter Wasser.
Tipp: Wer gleich noch einen guten Lerneffekt dabei haben möchte, sagt »Gute Nacht« zu allen Vögeln, die wir so kennen, zu den Nagetieren, zu den Insekten, zu den Fischen usw.

Der Monstersack

Wie gut, wenn man für alle Unbilden des Lebens gerüstet ist! Hat das Enkelkind wider Erwarten einmal einen schlechten Traum, so zieht man sofort den Monstersack aus dem Schrank. Das Kind bläst den schlechten Traum hinein und schnürt den Sack fest zu. Die Oma schnappt sich den Sack beherzt, öffnet das Fenster, hängt den Sack draußen an den Fensterladen oder wirft ihn in den Mülleimer. Spuk vorbei, es kann weitergeschlafen werden!